16	3	2	13
5	10	11	8
9	6	7	12
4	15	14	1

José Ramos Tinhorão

OS SONS
DOS NEGROS
NO BRASIL

Cantos, danças, folguedos: origens

editora■34

EDITORA 34

Editora 34 Ltda.
Rua Hungria, 592 Jardim Europa CEP 01455-000
São Paulo - SP Brasil Tel/Fax (11) 3811-6777 www.editora34.com.br

Copyright © Editora 34 Ltda., 2008
Os sons dos negros no Brasil © José Ramos Tinhorão, 2008

A FOTOCÓPIA DE QUALQUER FOLHA DESTE LIVRO É ILEGAL E CONFIGURA UMA
APROPRIAÇÃO INDEVIDA DOS DIREITOS INTELECTUAIS E PATRIMONIAIS DO AUTOR.

Edição conforme o Acordo Ortográfico da Língua Portuguesa.

Capa, projeto gráfico e editoração eletrônica:
Bracher & Malta Produção Gráfica
Revisão:
Maria Luiza Favet
Fabrício Corsaletti

1ª Edição - 1988 (Art Editora, São Paulo),
2ª Edição - 2008, 3ª Edição - 2012 (1ª Reimpressão - 2021)

CIP - Brasil. Catalogação-na-Fonte
(Sindicato Nacional dos Editores de Livros, RJ, Brasil)

	Tinhorão, José Ramos, 1928-2021
T492s	Os sons dos negros no Brasil. Cantos, danças, folguedos: origens / José Ramos Tinhorão. — São Paulo: Editora 34, 2012 (3ª Edição). 152 p.

ISBN 978-85-7326-393-0

1. Música popular - Brasil - História e crítica. 2. Cultura popular - Brasil - Sécs. XVI a XIX. 3. Negros - Brasil - Folclore. I. Título.

CDD - 781.7

OS SONS DOS NEGROS NO BRASIL
Cantos, danças, folguedos: origens

Nota à 2ª edição 7

Introdução 11

Parte I: Antecedentes do trabalho escravo africano:
séculos XV e XVI 13

Parte II: Músicas, danças e cantos de negros 29
1. Os primeiros sons de negros no Brasil:
batuques e calundus nos séculos XVII e XVIII 31
2. A razão das umbigadas:
o lundu, a fofa e o fado nos séculos XVIII e XIX ... 55
3. As danças e cantos do samba
herdeiro dos batuques dos séculos XIX e XX 85

Parte III: Autos e folguedos de negros 105
4. A origem portuguesa-africana das coroações
de reis do Congo: séculos XV e XVI 107

Parte IV: Os cantos de trabalho dos negros
do campo e das cidades 121

Referências bibliográficas 141

NOTA À 2ª EDIÇÃO

Este livro, que em sua primeira edição, em 1988, vinha juntar-se à publicação, em Lisboa, de outra obra do autor sobre o mesmo tema da contribuição africana à cultura popular luso-brasileira — Os negros em Portugal: uma presença silenciosa — reaparece com o propósito de formar, já agora, ao lado de três livros posteriores — As festas no Brasil colonial, de 2000, no Brasil; O rasga: uma dança negro-portuguesa, de 2006, no Brasil e em Portugal; Festa de negro em devoção de branco, a sair em 2008, em Portugal — o primeiro painel geral do intercâmbio africano-europeu-americano da área do estudo.

A oportunidade de tal propósito reside em que, consideradas somente as relações entre Portugal e Brasil (posto que a África aparece apenas como fornecedora de ritmos sujeitos a processo de transculturação), a falta de informações tem levado à suposição implícita de interdependência nas manifestações culturais nos dois territórios. Uma das consequências de tal equívoco revela-se, na prática, no recorrente erro de dicionaristas e colaboradores de enciclopédias de apontar como portuguesas, por exemplo, danças oitocentistas como a fofa e o fado, comprovadamente mostradas em pesquisas do autor como negro-brasileiras.

A julgar pelo resultado das investigações para este livro, *Os sons dos negros no Brasil: cantos, danças, folguedos*, que agora novamente se entrega ao público, a insistência em tais imprecisões sempre repetidas prende-se, no fundo, à falta de observação de duas circunstâncias sócio-históricas que o autor tem procurado demonstrar: a semelhança da composição étnica entre as baixas camadas de Lisboa e de sua colônia até fins do século XVIII, e o dinamismo do intercâmbio entre os agentes envolvidos nos processos de transculturação.

Pois que a presente reedição deste livro que se vai ler sirva, ao menos, para não reeditar os erros que se têm lido.

José Ramos Tinhorão

OS SONS DOS NEGROS NO BRASIL

Cantos, danças, folguedos: origens

INTRODUÇÃO

Este livro, em que pela primeira vez se procura fixar historicamente o processo de criação de manifestações culturais na área das camadas mais baixas — ponto de partida sócio-econômico que, no caso do Brasil, implica situar a contribuição negro-africana em primeiro plano —, constitui o resultado necessário de uma pergunta que o autor se pôs, em 1972, ao concluir seu livro *Música popular: de índios, negros e mestiços*. E a pergunta era: quando teriam começado as relações entre a cultura europeia, representada pelos portugueses da Era das Grandes Navegações, e as culturas africanas, representadas pela gente negra transformada em trabalhador escravo a partir de meados do século XV?

A tentativa de encontrar a resposta levou o autor aos arquivos portugueses, em 1980, e o resultado das pesquisas, a uma conclusão surpreendente: o intercâmbio cultural europeu-africano começou muito mais cedo do que se imagina, e grande parte do que normalmente se estuda no Brasil nas áreas da religião, música, danças e folguedos populares como sendo uma tradição africano-brasileira constitui, na verdade, o prolongamento de uma herança negro-portuguesa.

Baseado nessas descobertas — os africanos formavam, em 1552, dez por cento da população de Lisboa; a entrada dos negros nas confrarias de Nossa Senhora do Rosário remontava a inícios do século XVI, e já em meados deste século se realizavam coroações de reis do Congo nas igrejas em Portugal —, o autor escreveu o livro Os *negros em Portugal: uma presença silenciosa*, neste mesmo ano de 1988, lançado pela Editorial Caminho, de Lisboa. Um livro em que se procura mostrar aos próprios portugueses a sua dívida histórico-cultural para com os negros africanos e seus descendentes crioulos, até os mais desbotados, como o Marquês de Pombal, já apontado em um soneto satírico do século XVIII como "um quinto neto da rainha Ginga".

O presente livro — apesar da restrição do título, *Os sons dos negros no Brasil* — representa não apenas o prolongamento dessa pesquisa dos antecedentes do intercâmbio cultural europeu-africano, via Portugal, a partir da primeira metade do século XV, mas seu imprescindível corolário: a história de como se tem processado, até hoje, a continuidade dessas mesmas relações entre brancos e negros no Brasil, desde meados do século XVI.

Tal como se poderá comprovar pelo resultado da pesquisa, a procura das respostas para a pergunta de 1972 valeu a pena: *Os negros em Portugal* e *Os sons dos negros no Brasil*, completando-se, resultaram ricos de revelações.

(1988)

Parte I
ANTECEDENTES DO TRABALHO ESCRAVO AFRICANO: SÉCULOS XV E XVI

O levantamento dos sons há mais de quatro séculos produzidos pelos negros africanos e seus descendentes crioulos e mestiços no Brasil remete, necessariamente, à história das razões e da forma pela qual cerca de quatro milhões de naturais da África foram transportados através do Atlântico para a antiga colônia portuguesa, desde inícios do século XVI até a segunda metade do século XIX.

Quando o Brasil foi descoberto, em 1500, havia mais de cinquenta anos que os portugueses "filhavam" (sequestravam) e traficavam negros por resgate ao longo da costa da África ocidental, desde o rio Senegal (Cabo Verde-Guiné) até a altura do rio Zaire ou Congo (São Tomé-Costa da Mina), já tendo transportado para seu entreposto distribuidor de Lisboa perto de 150 mil escravos.[1]

Como resultado dessa facilidade na aquisição de mão de obra barata — os escravos eram trocados inicialmente por mantas coloridas, capas, bacias de barbeiro, manilhas de latão e cavalos (catorze negros por um cavalo na segunda metade do século XV, na região dos rios Gâmbia e Senegal) —, os portugueses não apenas se tornaram os primeiros senhores do tráfico para a Europa e para as "Índias de Espanha", mas passaram a empregar em seu próprio país o trabalho escravo nas mais diferentes atividades. Ao tempo da chegada de Pedro Álvares Cabral ao Brasil,

---

[1] A história desses primeiros anos do tráfico português nas costas africanas é contada pelo autor em seu livro *Os negros em Portugal: uma presença silenciosa*, Lisboa, Editorial Caminho, 1988.

negros levados da África já apareciam em Portugal como empregados domésticos; como trabalhadores do campo (lavoura, derrubada de matas, aterro de pântanos, construção de prédios); no serviço de bordo de navios (turgimãos, ou intérpretes, pajens, grumetes); em serviços de carga e descarga dos portos; como remadores de galés; como auxiliares de marujos em barcos de transporte fluvial; como tratadores de animais; como esfoladores de cavalos; como artesãos; como vendedores de carvão, peixe e água ("negras do pote"); em serviços públicos municipais (retirada de dejetos domiciliares, sob o nome de "negras de canastra"); e como força de trabalho de aluguel, em proveito de seus donos.

Assim, não é de estranhar que, tão logo começou o envio de naus para o reconhecimento da nova terra descoberta por Pedro Álvares Cabral, já na tripulação desses navios viessem negros destinados a figurar como os primeiros escravos africanos a terem seu trabalho explorado no Brasil.

Embora se possa admitir que a existência de negros em navios portugueses chegados ainda no primeiro decênio da descoberta possa ter ocorrido, inclusive, a partir da própria frota de Cabral, a primeira notícia documentadamente comprovada da presença de escravos em tripulações lusitanas, no Brasil, é a que envolve a viagem comercial da nau *Bretoa*, em 1511. Segundo documento divulgado no século XIX por Varnhagen, em sua *História geral do Brasil*, essa nau, saída de Lisboa a 22 de fevereiro de 1511 para recolher numa ilha do litoral de Cabo Frio 5.008 toros de pau-brasil, à conta dos "armadores bertolameu marchone e benadyto morelle e fernã de lloronha e francisco maiz", já incluía na sua tripulação de pouco mais de trinta homens dois grumetes negros, dos quais um constava expressamente como escravo dos donos do navio.[2]

---

[2] "Llyuro da naao bertoa que vay pera a terra do Brazyll de que som armadores bertolameu marchone e benadyto morelle e fernã de lloronha e francisco maiz que partiu deste porto de Lix.ª axxij de feuereiro de 511."

Se considerarmos que, para chegar a grumete, era preciso, nesses primeiros tempos das navegações portuguesas, começar nos trabalhos de bordo, pela categoria de pajem, é de supor que os dois negros da tripulação da nau *Bretoa* tivessem estado outras vezes no Brasil. E a hipótese se reforça pelo fato de, entre os armadores, figurar o nome de Fernão de Noronha, que desde 1502 firmara contrato com o rei D. Manuel para a exploração de pau--brasil e remessa de escravos índios, com a condição de mandar anualmente seis navios cobrirem 300 léguas de costa e manter um forte pelo menos por três anos, com caráter de feitoria.[3]

Mesmo que essa inclusão de negros na tripulação da nau *Bretoa* não tivesse constituído realmente fato isolado, é de compreender, no entanto, que ao menos durante as duas primeiras décadas após a descoberta da nova terra tal presença de africanos no Brasil continuasse sendo apenas eventual. O que estava destinado a tornar sistemático o emprego do trabalho escravo — e, portanto, indispensável a importação dos negros traficados na África — ia ser, a partir da década de 1540, o início da exploração efetiva do solo, com base na plantação de cana para a produção, em engenhos, do primeiro produto agroindustrial especialmente criado para o mercado internacional no mundo moderno: o açúcar.

Reproduzido em Carlos Malheiro Dias (org.), *História da colonização portuguesa no Brasil*, edição monumental comemorativa do I Centenário da Independência do Brasil, Porto, 1924/1926, v. 3, pp. 343-7.

[3] O sistema funcionou certamente, pois não se admitiria que a tripulação da nau *Bretoa*, tendo saído de Lisboa a 22 de fevereiro e chegado à altura do rio São Francisco a 15 de abril, para a seguir entrar no porto da Bahia (onde permaneceu de 15 de abril a 12 de maio), tenha conseguido cortar mais de cinco mil troncos da duríssima árvore do pau-brasil do dia 20 de maio, data da chegada a Cabo Frio, até 12 de junho, quando começou o embarque da madeira. Portanto, existia uma feitoria dos comerciantes no local, e os toros ja deviam estar depositados perto da praia para o embarque. À mesma conclusão chegou também o professor americano Alexander Marchant em seu estudo *Do escambo a escravidão*, São Paulo, Cia. Editora Nacional, 1943 (Série Brasiliana, 225).

De fato, embora o padre Serafim Leite tenha proposto no segundo volume de sua *História da Companhia de Jesus no Brasil* que "os Negros da África chegaram ao Brasil com a própria plantação da cana-de-açúcar à roda de 1532" — o que confirmaria a existência da planta no Rio de Janeiro desde 1519, conforme testemunho de Pigafetta (companheiro de Fernão de Magalhães na viagem de circunavegação), e na capitania de São Vicente desde 1534 (quando Martim Afonso de Sousa e seu irmão Pero Lopes teriam feito contrato "com João Veist, Francisco Lobo e Vicente Gonçalves para a formação de um engenho para fabricação de açúcar")[4] — notícias sobre a importação de escravos nesse período não existem. As informações capazes de indicar a existência de um tráfico organizado para o fornecimento de mão de obra, em caráter regular, só se tornam comuns e historicamente comprovadas quando, a partir da chegada do primeiro governador-geral, Tomé de Sousa, em 1549, Portugal adota oficialmente a decisão política de colonizar o país através da ocupação produtiva.

Em seu livro *A escravidão no Brasil*, João Dornas Filho, ao comentar a suposição de Pandiá Calógeras de que "é provável que Martim Afonso de Sousa, e até alguns exploradores que o precederam, tivessem trazido escravos" — afirmação devida a Damião de Góis, não citado —, acrescentava em complemento, referindo-se a Pernambuco, ser "fora de dúvida que em 1535 foram importados escravos negros, grandes conhecedores da indústria do açúcar, em que já trabalhavam nas ilhas de São Tomé e do Príncipe".[5] O historiador não indicava a fonte da informação dada como "fora de dúvida", mas o tráfico com caráter regular devia

---

[4] A informação, sob a ressalva do "ao que parece", é de Washington Luís em seu livro *Na capitania de São Vicente*, São Paulo, Martins, 1956, p. 42.

[5] João Dornas Filho, *A escravidão no Brasil*, Rio de Janeiro, Civilização Brasileira, 1939, p. 48, nota 11.

de fato estar começando, pois, segundo lembraria Afonso de E. Taunay em seus *Subsídios para a história do tráfico africano no Brasil*, "parece que já em 1538 coubera a um Jorge Lopes Bixorda, arrendatário do comércio do pau-brasil, a triste prioridade do estabelecimento do tráfico entre os dois continentes meridionais, que se defrontam, trazendo para a Bahia alguns africanos".[6]

Na verdade, o que demonstram as raras notícias sobre escravos negros anteriores ao período de Tomé de Sousa é a precariedade do atendimento às pretensões dos candidatos à obtenção de escravos da Guiné (que ao tempo significava toda a costa africana, do Senegal à região da Mina), pois só havia duas maneiras de conseguir tal tipo de trabalhador: ou por compra no porto de Lisboa ("e depois da primeira venda os poderão tirar por mar e por terra pera onde quer que quizerem"),[7] ou por benesse do rei (que costumava presentear fidalgos e instituições com "peças" tiradas do quinto das importações a ele devido), ou, em casos excepcionais, por autorização de tráfico direto com portos de escape na África. A prova, no entanto, de que durante a década de 1530, e mesmo durante a de 1540, tais concessões não eram fáceis de obter, seria revelada pelo pouco resultado dos esforços nesse sentido realizados por Duarte Coelho, donatário da capitania de Pernambuco, desde 1534.

Em carta dirigida ao rei D. João III, em 27 de abril de 1542, o donatário de Pernambuco, após lembrar ao soberano que "há já três anos" (1539, portanto) requerera licença "de haver alguns escravos de Guiné por meu resgate" (ou seja, por tráfico particular), reiterava agora — em face de não ter recebido resposta até aquela data — o seu argumento de quão vantajoso resultaria para

---

[6] Afonso de E. Taunay, *Subsídios para a história do tráfico africano no Brasil*, São Paulo, Imprensa Oficial do Estado, 1941, p. 32.

[7] Arquivo Nacional da Torre do Tombo, Lisboa, Leis — 1512, Maço 2, nº 27, "Ley de El Rey D. Manuel, porq'ordena sejão trazidos a este Porto de Lisboa os Escrauos de Guiné" (feita a 24 de outubro de 1512).

o próprio interesse da Coroa "dar-me licença para haver algumas peças de escravos para o melhor servir".[8]

O certo é que, a essa altura, com a proliferação dos engenhos não apenas em Pernambuco, mas no recôncavo da Bahia, na costa de Cabo Frio e no Rio de Janeiro, os pedidos de escravos africanos para os trabalhos do açúcar começavam a tornar-se frequentes. E, assim, em carta enviada a seu sócio Martim Ferreira, em Lisboa, na data de 18 de agosto de 1545, o donatário da capitania da Paraíba do Sul, Pero de Góis, requeria o envio urgente de 60 negros como condição para poder despachar para o reino, dali a ano e meio, duas mil arrobas de açúcar.[9]

É certamente ante a evidência da necessidade prática relevada pelo acúmulo de tais pedidos que D. João III admite a mudança na sua política de tentar fazer funcionar os engenhos com base na escravização dos naturais da terra, e em 1550 abre o ciclo do fornecimento pessoal de africanos para o Brasil, com o envio a Salvador de um carregamento de negros "para se repartirem entre os moradores, descontando-se o seu valor dos soldos e ordenados destes".[10]

Embora essa remessa inaugural do comércio de escravos para o Brasil ainda constituísse concessão real (representava uma contribuição à administração do governador-geral Tomé de Sousa) e revelasse ostensiva preocupação com a possível revenda das

---

[8] Nessa carta datada da Vila de Olinda, 27 de abril de 1542, o "Servo de Vossa Alteza — Duarte Coelho", como se assinava, solicitava ao rei "a D. Pedro de Moura e a Manuel de Albuquerque que mande Vossa Alteza dar a provisão para isso", o que não se sabe se veio a acontecer.

[9] *História da colonização portuguesa no Brasil*, v. 3, p. 262. Para essa mesma época, documentos consultados por Frei Gaspar da Madre de Deus permitiam-lhe afirmar, em sua *Memória para a história da capitania de São Vicente*, de 1797, contarem os engenhos da região com "grande número de índios e pretos da Costa d'África".

[10] Gabriel Soares de Sousa, *Tratado descritivo do Brasil*, Rio de Janeiro, Revista do Instituto Histórico e Geográfico Brasileiro, 1851, t. 14.

peças,[11] a iniciativa abria caminho para a oficialização definitiva do tráfico. E, realmente, ainda antes do fim dessa década de 1550 — e talvez para evitar situações de fato, como a da isenção de impostos concedida por Tomé de Sousa, em 1552, para a introdução de "vinte e sete peças de escravos machos e fêmeas", comprados na Ilha de São Tomé —, a regente D. Catarina, de Portugal, "por fazer mercê as pessoas que teem feitos engenhos daçucar nas terras do brasill", ia autorizar finalmente, por alvará de 30 de março de 1559, "que se posão mandar resguatar ao rio e resguatar do conguó e trazer de laa pera cada hu dos ditos engenhos até cento e vinte pesas de escravos resguatados a sua custa".[12]

O estabelecimento de tráfico regular de africanos para a colônia não fez mais, aliás, do que consolidar um sistema de relações de trabalho e de produção que começaram a estruturar-se dentro das próprias feitorias e primeiras povoações iniciadas por alguns donatários, sempre com base na prestação de serviços não remunerados. O trabalho inicial do corte das árvores de pau-brasil e seu transporte até os armazéns junto às praias era feito pelos índios, em troca das bugigangas que recebiam a título de presentes. A seguir, quando o número de tais núcleos de feitoria

---

[11] Ao serem remetidos posteriormente alguns desses escravos para Pernambuco, fazia-se saber ao provedor, em Olinda, por documento de 21 de março de 1552, que "Sua Alteza mandara a esta Cidade do Salvador escravos e escravas da Guiné para bem da terra, e dos moradores dela, os quais se não pudessem tirar das Capitanias desta costa para outra nenhuma parte...". Ato de 10 de fevereiro de 1552, em *Documentos históricos*, Rio de Janeiro, Biblioteca Nacional, v. 38, p. 221.

[12] Instituto Histórico Brasileiro, Conselho Ultramarino, v. 2, pp. 114-6. Ao citar essa carta régia expedida pela rainha regente D. Catarina no 1º volume de seus *Anais pernambucanos* (2ª ed., Recife, Governo de Pernambuco/Fundarpe, 1983), Pereira da Costa lembra que, em 1555, o capitão-mor Jerônimo de Albuquerque já havia solicitado também ao rei D. João III "que promovesse, com o rendimento do trato de Guiné em Lisboa, o provimento de escravos para os dois engenhos de Olinda e Igaraçu, que os índios haviam roubado e incendiado" (p. 334).

cresceu, ganhando em determinados pontos a proporção de comunidades de certo vulto — o que obrigava à criação de roças para a cultura de subsistência —, o objeto do intercâmbio passou aos instrumentos agrícolas de ferro, que permitiam aos indígenas produzir farinha para a continuação das trocas. Finalmente, quando começaram a se formar os primeiros engenhos, a necessidade de trabalho organizado para a produção mais diversificada e complicada do açúcar para exportação tornou o sistema de trocas impraticável. E, então, foi preciso passar à fase de escravização dos naturais para arrancar-lhes a força de trabalho de forma disciplinada, através da dominação. Com o fracasso das tentativas de tornar tal exploração permanente (os índios fugiam, revoltavam-se ou aderiam aos ataques promovidos pela sua gente), a opção oferecida só poderia ser, afinal, a importação de escravos africanos, cuja eficiência no trabalho os portugueses conheciam há quase um século não apenas na própria metrópole, mas nas experiências pioneiras da cultura de cana e fabricação de açúcar nas ilhas da Madeira e São Tomé.

A verdade é que, mesmo antes dessa decisão de troca progressiva do trabalhador índio pelo africano, os nobres, funcionários da justiça e administração, burgueses e religiosos componentes da reduzida camada dirigente europeia dos núcleos coloniais jamais deixaram de servir-se de escravos africanos, ao menos na área dos serviços domésticos. Ao chegar ao Brasil a 29 de março de 1549 para assumir o governo geral da terra, o próprio Tomé de Sousa trazia com ele quatro escravos de seu serviço; e os quatro primeiros padres e dois irmãos da Companhia de Jesus, vindos na mesma frota, também traziam alguns, pois, no ano seguinte, quando uma segunda expedição trouxe quatro novos padres, o total dos escravos africanos a serviço da Missão Jesuíta subiu para dez. E se é verdade que, como escrevia da Bahia a 10 de julho de 1552 o superior da Missão, padre Manuel da Nóbrega, "hum morreo logo; como morrerão outros muitos que vinhão já doentes do mar", o rei não se demorou em atender a seu pedido de reposição. E, assim, por provisão do Conselho Ultramarino de

25 de outubro do mesmo ano de 1552, "ouve S. A. por bem de fazer esmola aos Padres da Companhia de Jhesu que residem na Cidade do Salvador da Baya de Todolos Santos, de três escrauos que forão de San Thomé pera a dita Ilha".[13]

O pedido renovado nessa carta ao padre provincial de Portugal, que o Conselho Ultramarino atendeu, fora feito anteriormente pelo padre Nóbrega em carta dirigida, a 14 de setembro de 1551, diretamente ao rei Afonso III, e na qual lhe pedia que ordenasse ao governador Tomé de Sousa a entrega de "alguns escravos de Guiné hà cassa [a casa mantida pelos jesuítas em Salvador] pera fazerem mantimentos, porque a terra hé tam fértil, que facilmente se manterão e vestirão muitos meninos, se tiverem alguns escravos que fação roças de mantimentos e algodoais".[14]

A necessidade do trabalho escravo africano estava expressa aí na parte em que o padre Nóbrega subordinava a viabilidade da casa dos jesuítas à existência de roças próprias, para o fornecimento dos alimentos básicos à subsistência dos padres e catecúmenos, e de algodoais para a obtenção de matéria-prima destinada à fabricação de tecido grosseiro, que era o único possível e permitido tecer na colônia. E a condição valia, em 1552, para os demais núcleos de catequese estabelecidos pelos jesuítas no Brasil, pois, como escrevia ainda o padre Nóbrega em sua carta de 10 de julho ao provincial de Portugal, "tão bem os outros collegios das Capitanias querem fazer os moradores, e escrevem-me cartas sobre isso e querem dar escravos e muita ajuda".[15]

---

[13] Texto da carta de Nóbrega e da provisão do Conselho Ultramarino em Serafim Leite (org.), *Cartas dos primeiros jesuítas do Brasil*, v. 1: 1538-1553, Edição da Comissão do IV Centenário da Cidade de São Paulo, 1954, p. 351.

[14] Carta do P. Manuel da Nóbrega a D. João II, rei de Portugal. In: *Cartas dos primeiros jesuítas do Brasil*, v. 1, p. 293.

[15] Carta do P. Manuel da Nóbrega ao P. Simão Rodrigues, Lisboa. In: *Cartas dos primeiros jesuítas do Brasil*, v. 1, p. 352.

A essa altura, como Manuel da Nóbrega deixa antever em sua carta, a própria Coroa portuguesa começava a admitir tal relação entre escravidão negro-africana e desenvolvimento material na sua colônia americana, pois escrevia: "Se El-Rei favorecer este [colégio da Bahia] e lhe fizer igreja e cassas, e mandar dar os escravos que digo (e me dizem que mandão mais escravos a esta terra, de Guiné...)". Ora, como se sabe que em 1550 chegara uma primeira remessa de escravos negros, e em 1551 outra (que o provedor-mor da Bahia, Antônio Cardoso de Barros, agradeceu ao rei, em 30 de abril daquele ano, dizendo que "os escravos que Vossa Alteza manda sao muio bos asy pera a segurança desta vila como pera fazerem fazendas"[16]), o terceiro carregamento anunciado por Nóbrega para 1552 permite concluir que as contribuições reais se haviam transformado em providência rotineira, pelo menos uma vez por ano. E é isso que, por certo, explicará o fato de, a 4 de junho desse mesmo ano de 1552, já poder o padre Antônio Pires escrever de Pernambuco a seus irmãos de Coimbra que "há nesta Capitania grande escravaria asi de Guiné como da terra". Embora, é bem verdade, ainda ressalvando serem os escravos índios em muito maior número: "Muyta aventagem fazem os da terra aos de Guiné".[17]

A confirmação do envio crescente de escravos para a colônia antes do alvará de 1559, da rainha regente, aliás, seria fornecida pelo próprio padre Nóbrega em duas cartas datadas da Bahia: uma de 2 de setembro de 1557, em que se queixa de não mais ter recebido escravos do rei nos últimos cinco anos, enquanto —

---

[16] *Documentos históricos*, Rio de Janeiro, Biblioteca Nacional, v. 37, p. 311. Terá sido desta remessa que o mesmo provedor-mor mandou o tesoureiro da Bahia entregar, a 26 de agosto de 1551, "3 escravos machos" aos Armazéns Cristóvão de Aguiar para "servirem nas ferrarias do dito senhor".

[17] Carta do P. Antônio Pires aos padres e irmãos de Coimbra. In: *Cartas dos primeiros jesuítas do Brasil*, v. 1, p. 325.

anotava — "destes escravos da Guiné manda ele trazer muytos à terra";[18] outra de 8 de maio de 1558, em que escrevia:

> "A melhor cousa que se podia dar a este Colégio seria duas dúzias de escravos de Guiné, machos e fêmeas, para fazerem mantimentos em abastança para a casa, outros andariam em um barco pescando, e estes podiam vir de mistura com os que El-Rei mandasse para o Engenho, porque muitas vezes manda aqui navios carregados deles".[19]

Para tornar viável esse aumento do fornecimento de escravos negros, a Câmara da Bahia chegara, em 1556, a formular ao rei D. João III, inclusive, uma proposta original: a troca de escravos índios (ou "do gentio") por negros africanos. Diziam os homens bons da Bahia em seu documento, que traduzia naturalmente a perspectiva de boas vantagens na troca, considerando o grande número de escravos feitos na guerra de represália aos caetés (que em junho haviam comido quase 100 náufragos portugueses na costa, inclusive o bispo D. Pero Fernandes Sardinha):

> "... pedimos faça Vossa Alteza mercê a este Povo que possam armar os moradores para as ilhas de Sam Thomé e Cabo Verde para que mãodando a elles escrauos deste gentio possam haver outros de Guiné por elles, por serem mais proveitosos, e nisto se seguirá muito proveito ao Povo, serviço de Vossa Alteza, pelo aumento das suas rendas e seguridade da terra".

---

[18] Carta do P. Manuel da Nóbrega ao P. Miguel de Torres, Lisboa. In: *Cartas dos primeiros jesuítas do Brasil*, v. 2, p. 411.

[19] Carta do P. Manuel da Nóbrega ao P. Miguel de Torres, Lisboa. In: *op. cit.*, v. 2, p. 455.

Pedido que, aliás, justificavam explicando com muita clareza — e sem terem essa intenção — o fato de um escravo negro valer a preço de mercado da época, em média, três ou mais escravos índios:

"... porque os escravos daqui naturais são muito incertos e os de Guiné além de serem mais seguros são pera muitos mais serviço e aproveitão outrosy pera ajudarem a fender a terra".[20]

Seria, assim, esse interesse crescente na substituição do trabalho escravo dos índios pelo dos negros africanos que ia permitir desde logo ao cronista Pero de Magalhães de Gândavo testemunhar em sua permanência no Brasil, entre 1568 e 1570, a existência de "muitos escravos de Guiné", os quais — como afirmava ratificando a opinião dos "moradores da cidade do Salvador" — "são mais seguros q os índios da terra porque nunca fogem ne tem pera onde".[21]

Menos de duas décadas depois desse depoimento, os testemunhos de dois padres jesuítas — em tudo coincidentes — iriam demonstrar estar já praticamente concluída essa substituição por volta de 1584: Fernão Cardim, ao atribuir a Pernambuco 66 engenhos "com muita escravaria de Guiné, que serão perto de dois mil escravos", acrescentava que "os índios da terra já são pou-

---

[20] "Suplica que fizerão all Rey os moradores da Cidade do Salvador sobre o governo daquella terra", datada de 18 de dezembro de 1556 e transcrita por Bertha Leite em seu trabalho *Dom Pero Fernandes Sardinha*. In: Anais do IV Congresso de História Nacional, Rio de Janeiro, Imprensa Nacional, 1950, v. 7, p. 543.

[21] Pero de Magalhães de Gândavo, *Tratado da província do Brasil*, Rio de Janeiro, Instituto Nacional do Livro, 1965 (reprodução integral, em fac-símile, do texto original, até então inédito, por se tratar de versão anterior ao *Tratado da terra do Brasil*, do mesmo autor).

cos";[22] José de Anchieta, confirmando o mesmo número para os engenhos, mas ajuntando aos escravos dos engenhos os dos canaviais, para dar-lhes "até 10 mil escravos de Guiné e Angola e de Índios da terra até 2.000".[23]

Ora, como pouco depois, em 1587, o cronista Gabriel Soares de Sousa calculava, para uma população de 24 mil habitantes da Bahia (em que entrariam 12 mil brancos e 8 mil índios), um total de 4 mil negros (já estimados dois anos antes em 2 mil por Anchieta), não será demais imaginar que, ao terminar o primeiro século da descoberta, andaria entre 15 a 20 mil o número dos escravos africanos no Brasil,[24] numa população global de 57 a 60 mil habitantes, dos quais apenas 25 a 30 mil seriam brancos.

Assim, representando, de qualquer forma, entre 24 e 34% da população global da colônia, que logo começaria a conhecer, ao longo do século seguinte, um rudimento de vida urbana (pelo menos em seus três centros principais: Recife, Salvador e Rio de Janeiro), os negros africanos e seus primeiros descendentes crioulos e mestiços estavam prontos para fazer sua entrada na vida cultural do Brasil, ao som ruidoso e potente dos seus batuques, calundus e autos de embaixadas e coroações de reis do Congo.

[22] Fernão Cardim, "Narrativa epistolar de uma viagem jesuítica". In: *Tratado da terra e gente do Brasil*, 2ª ed., São Paulo, Cia. Editora Nacional, 1939, p. 294 (Série Brasiliana, 168).

[23] *Informações e fragmentos históricos do padre Joseph de Anchieta, S.J. (1584-1586)*, Rio de Janeiro, Imprensa Nacional, 1886, p. 33.

[24] De fato, é entre esses dois totais que se situam as projeções realizadas pelo Barão do Rio Branco (14 mil escravos africanos, 18 mil índios catequizados e 25 mil brancos, conforme citado por Capistrano de Abreu e Rodolfo Garcia em sua nota 1 à 5ª edição integral da *História geral do Brasil*, de Francisco Adolfo de Varnhagen, São Paulo, 1956, p. 11) e por Capistrano de Abreu (24 mil escravos africanos, 30 mil índios e 10 mil brancos, em *O descobrimento do Brasil*, Rio de Janeiro, 1929, p. 122).

Parte II
MÚSICAS, DANÇAS E CANTOS DE NEGROS

1.
OS PRIMEIROS SONS DE NEGROS NO BRASIL: BATUQUES E CALUNDUS NOS SÉCULOS XVII E XVIII

Diante dessa realidade da existência de cerca de 20 mil africanos e seus descendentes crioulos e mestiços, ao iniciar-se o século XVII no Brasil, seria muito difícil admitir — apesar dos rigores do regime de exploração do trabalho escravo — uma condenação ao silêncio de tais componentes étnicos, necessariamente ligados à vida das pequenas comunidades coloniais até por seu peso na composição das camadas mais baixas advindas da divisão do trabalho no campo ou na cidade.

A despeito da falta absoluta de dados sobre a vida dos negros na acanhada massa de informações legada pela documentação oficial até hoje conhecida ou pelos depoimentos de religiosos e cronistas do século XVI, o pouco que esses mesmos papéis e testemunhos dão a conhecer, no entanto, sobre a música, os cantos e as diversões dos brancos e dos índios nessa primeira centúria da colonização, leva a concluir que algo semelhante terá ocorrido também em relação aos escravos africanos.

Embora a referência mais antiga a uma música possivelmente não religiosa refira-se ao som produzido em meio a "boa devota música" pelo irmão Barnabé Tello, diante de presépio armado pelos jesuítas na povoação da Bahia, no Natal de 1583 — quando, no dizer do cronista padre Fernão Cardim, "o irmão Barnabé nos alegrava com seu berimbau"[1] — o padre José de An-

---

[1] Fernão Cardim, "Narrativa epistolar de uma viagem jesuítica, etc.", *Revista Trimensal do Instituto Histórico Brasileiro*, Rio de Janeiro, t. 65, part. 1, p. 24.

chieta veria no ano seguinte (1584), em uma das casas de ensino da própria Bahia, os meninos índios fazerem "suas danças à portuguesa, com tamboris e violas, com muita graça, como se fossem meninos portugueses".[2] Pois se isso se permitia aos índios catecúmenos, logicamente mais se poderia supor permitido aos estudantes e moradores da cidade, uma vez que, como concluía ainda Anchieta nas mesmas *Informações*, por ser "relaxada, remissa e melancólica" a terra, "tudo se leva em festas, cantar e folgar".

Ora, se os brancos e indígenas tinham oportunidade de cantar e folgar em estilo visivelmente fora do modelo das atividades lúdico-religiosas criadas pelos jesuítas para promover a catequese, ou tradicionalmente presas ao calendário das festas da Igreja importadas de Portugal, não há por que imaginar que os escravos negros não tivessem também ocasião de entregar-se a suas danças e cantos africanos, ou até — quem sabe — de participar (tal como acontecia com os índios) de manifestações musicais particulares de brancos europeus.

De fato, apesar do silêncio sobre o tema nas poucas notícias em torno da vida social durante os anos quinhentos, ia ser exatamente a primeira informação obtida sobre a existência de música no século XVII que viria comprovar essa suposição. Segundo o francês François Pyrard de Laval, que de volta de sua viagem de dez anos à Índia e às Molucas teve oportunidade de passar dois meses na Bahia de 1610, ali viria ele a conhecer um poderoso senhor de engenho que, entre outras ostentações, mantinha uma banda integrada por 20 ou 30 escravos, dirigidos por um provençal vizinho de Marselha. Esse proprietário — identificado por Rodolfo Garcia como Baltasar de Aragão, apelidado em Angola pelos negros de Bángala, pela dureza da madeira de seu bordão ou bengala — contratara o músico francês, no dizer de Pyrard de Laval, "para professor de vinte ou trinta escravos que compu-

---

[2] *Informações e fragmentos históricos do padre Joseph de Anchieta, S.J. (1554-1586)*, Rio de Janeiro, Imprensa Nacional, 1886, p. 38.

nham um conjunto de vozes e de instrumentos que tocava o tempo todo".[3]

O visitante não esclarecia qual o repertório executado por tais escravos negros, mas a admitir pela origem provençal do ensaiador da banda, não há dúvida de que se trataria de peças ao gosto dos melhores salões europeus da época.

Paradoxalmente, apesar de terem sido os colonizadores portugueses os responsáveis pela introdução dos escravos africanos no Brasil e de resumir-se, portanto, quase toda a informação em torno desse acontecimento a escritos em língua portuguesa, ia ser em fontes holandesas — e principalmente na iconografia do período da administração do Conde Maurício de Nassau (1637-1644) — que iam ficar registradas as informações mais vivas e mais diretamente ligadas à vida dos negros na sociedade colonial brasileira.

As mais antigas imagens de escravos captados em postura de dança no Brasil (ao menos até hoje descobertas) são as encontradas em telas do pintor Frans Post e em algumas de suas gravuras para a edição de 1647 da *História dos feitos recentemente praticados durante oito anos no Brasil*, de Gaspar Barlaeus, e ainda numa importantíssima cena de dança coletiva fixada pelo antigo soldado e depois escrivão de Nassau, Zacharias Wagener, para seu "Livro de animais no qual se contêm muitas diferentes espécies de peixes, pássaros, quadrúpedes, vermes, frutas e raízes que se encontram e observam na terra do Brasil, etc.", publicado pela primeira vez em 1964, no Brasil, sob o título de *Zoobiblion — Livro de animais do Brasil*.

Em verdade, se nos detalhes de quadros de Frans Post, como os intitulados *Casa em construção em Serinhaém*[4] e *Ruínas do*

---

[3] François Pyrard de Laval, *Voyage de Francis Pyrard de Laval, contenant sa navigation aux Indes Orientales, Maldives, Moluques et au Brésil, etc.*, Paris, 1615, part. 2, p. 563-9.

[4] Atualmente na coleção da Mauritshuis, em Haia.

Carmo em Olinda,⁵ e de seu "Mapa de Pernambuco, inclusive Itamaracá", do conjunto cartográfico de Georg Marcgraf (1643), incluído no livro de Barlaeus, os negros escravos são mostrados em pequenos grupos, dançando ao som de tambores do tipo candongueiro (que transportavam presos à altura da cintura por uma correia passada transversalmente sobre o ombro direito) e de chocalhos de cabaças, na gravura de Wagener havia uma novidade: segundo chamava a atenção o professor José Gonsalves de Mello, em estudo de 1937, o desenho de Zacharias Wagener representava "um xangô no tempo dos holandeses que não difere muito dos atuais".⁶

Bem examinada, essa cena envolvendo três músicos sentados num tronco de árvore tombado, com dois deles tocando com as mãos tambores presos entre as pernas (forma tradicional nos candomblés) e o terceiro, ao centro, raspando um longo reco-reco em forma de bastão (chamado no século XIX de macumba), enquanto onze outros negros dançavam em volteios, fazendo roda em torno de uma mulata, com vestido de longa cauda (que abre os braços em atitude estática), parece confirmar a hipótese. Ao que tudo indica, o que o alemão de Dresden, Zacharias Wagener, presenciou não terá sido apenas uma "Dança de negros" — como intitulou seu desenho sob número 105 na coleção do seu *Tier Buch* —, mas um momento do ritual de terreiro da religião de origem africana em Pernambuco ao tempo da ocupação holandesa.

De qualquer forma, se o curioso desenhista amador a serviço da administração de Maurício de Nassau teve o privilégio desse testemunho (pois não se pode conceber que os africanos abdicassem de suas práticas religiosas apenas per viverem no Bra-

---

⁵ Do acervo do Museu Nacional de Belas Artes do Rio de Janeiro.

⁶ J. A. Gonsalves de Mello, "A situação do negro sob o domínio holandês". In: *Novos estudos afro-brasileiros*, Rio de Janeiro, Civilização Brasileira, 1937, p. 221.

sil como escravos), nada indica, entretanto, no seu texto de explicação do desenho, a compreensão do que via:

> "DANÇA DE NEGROS
> Quando os espertalhões [escravos] terminam sua estafante semana de trabalho, lhes é permitido então comemorar a seu gosto os domingos, dias em que, reunidos em locais determinados, incansavelmente dançam com os mais variados saltos e contorsões, ao som de tambores e apitos tocados com grande competência, de manhã até a noite e da maneira mais desencontrada, homens e mulheres, velhos e moços, enquanto outros fazem voltas, tomando uma forte bebida feita de açúcar chamada Grape [garapa]; e assim gastam também certos dias santificados, numa dança ininterrupta em que se sujam tanto de poeira, que às vezes nem se reconhecem uns aos outros".[7]

Os desenhos de Frans Post e Zacharias Wagener mostram, em todo caso, que no Pernambuco ocupado pelos holandeses da

---

[7] A tradução é do autor deste livro, que procura corrigir deslize da versão portuguesa do professor Olivério Pinto, publicada no volume IV da Série Brasiliensia Documenta (dirigida por Edgard de Cerqueira Falcão) sob o título de *Zoobiblion — Livro de animais do Brasil* (São Paulo, 1964). Em sua tradução, o professor leu *taub*, 'surdo', onde Wagener escreveu *staub*, 'poeira', para então concluir que "em meio a frequentes libações" (o que também não está no texto alemão) chegam "a ponto de muitas vezes não se reconhecerem, tão surdos e ébrios que ficam". Foi baseado nessa tradução que em *Cultos afro-brasileiros do Recife: um estudo de ajustamento social* (Boletim do Instituto Joaquim Nabuco, 1952, número especial) René Ribeiro concluiu, após exame da gravura de Zacharias Wagener: "Chegavam a não 'se conhecerem' não porque estivessem 'tão surdos e ébrios' e sim por ficarem no santo, condição psicológica que naturalmente ignorava o artista". A má tradução, entretanto, não invalida a hipótese da interpretação de René Ribeiro, anteriormente sustentada também pelo professor José Gonsalves de Mello, neto.

terceira década dos anos seiscentos os escravos africanos conseguiam, em certas ocasiões, exercitar seus ritmos e danças (e, quase certamente, embora de forma dissimulada, também seus rituais religiosos), através de manifestações à base de ruidosa percussão, que os portugueses definiam genericamente sob o nome de *batuques*. E, aliás, não apenas essas manifestações sonoras ligadas ao prazer de horas de folga e das práticas da religião, mas também à sua música de guerra. Segundo Frei Manuel Calado do Salvador, no segundo volume do seu *O valeroso Lucideno e triunfo da liberdade*, de 1648, quando em 1645 os guerrilheiros dos engenhos pernambucanos aclamaram João Fernandes Vieira como seu chefe na luta para expulsão dos holandeses, "levantaram logo todos os circunstantes as vozes... e banhados de alegria, aclamaram por três vezes a vitória, e a celebraram ao som de charamelas, caixas e trombetas, o que fizeram também os nossos negros Minas tocando suas buzinas, flautas e atabaques".[8]

Por sinal, pode-se acreditar serem esses realmente os instrumentos africanos com que os escravos a serviço dos portugueses animavam suas investidas contra os holandeses, porque Frei Manuel Calado sabia do que estava falando: ele ajuntava a sua função de pastor de almas à de proprietário rural (tinha 25 escravos, em 1635, em Porto Calvo, quando começou a lutar contra os flamengos), e ao aderir à guerrilha conseguiu reunir um grupo de combatentes integrado por 75 "mancebos atrevidos, entre os quais entravam 10 mulatos, e 6 negros crioulos, os quais todos tinham armas de fogo".

Ora, se isso acontecia em Pernambuco antes da expulsão final dos holandeses, em 1647, não seria de estranhar que, na Bahia, onde esteve desterrado na Ilha de Itapagipe entre 1655 e 1658, o escritor, soldado e diplomata português D. Francisco

---

[8] Frei Manuel Calado do Salvador, *O valeroso Lucideno e triunfo da liberdade*, 4ª ed., Recife, Fundarpe/Diretoria de Assuntos Culturais, 1985, v. 2, p. 52.

Manuel de Melo tenha se queixado em um soneto de ser "perturbado no estudo por bayles de Bárbaros". A composição intitulava-se "Vária ideia estando na América e perturbado no estudo por bayles de Bárbaros", e nos versos "Mortos da mesma morte o dia e o vento/ A morte estava para estar sezuda/ Que desta negra gente em festa ruda/ Endoudece o lascivo movimento" indicava que o batuque irrompera exatamente na hora do maior silêncio, ou seja, depois do cair da noite, quando tudo parecia, enfim, quieto e morto.[9]

A julgar pelo que vinte anos depois outro poeta documentaria na Bahia, é muito provável mesmo que esses "bayles de Bárbaros" ouvidos por D. Francisco Manuel de Melo não fossem também apenas uma "festa ruda", em que a "negra gente" se entregasse a "lascivo movimento", mas — reeditando o que Zacharias Wagener assistira em Pernambuco, igualmente sem entender — constituísse, na verdade, uma cerimônia religiosa dos escravos, conhecida àquele tempo como *calundu*, ou *calundus*.

É ao poeta Gregório de Matos Guerra (1636-1696) que se devem, de fato, as mais antigas referências à realização dessas cerimônias religiosas que, por incluírem a invocação das entidades chamadas *calundus* (identificadas por Cordeiro da Matta, em seu *Ensaio de dicionário kimbundu-português*, como o *kilundu*, "divindade secundária responsável pelo destino de cada pessoa"), acabariam passando esse nome aos sons de seus batuques. As referências do poeta satírico aos calundus apareciam em duas

---

[9] Crônica sobre os versos "Vária ideia estando na América e perturbado no estudo por bayles de Bárbaros", de D. Francisco Manuel de Melo, publicada por Brito Broca, sob o título "Um escritor exilado na Bahia, em 1655", sem citação da fonte, no suplemento "Letras e Artes" do jornal *A Manhã*, do Rio de Janeiro, 9 de novembro de 1952. O soneto — que consta como "Soneto 7" na coletânea *Obras métricas*, de Francisco Manuel de Melo — foi transcrito na íntegra por Edgard Prestage em seu livro *D. Francisco Manuel de Melo: esboço biográfico* (Coimbra, Imprensa da Universidade, 1914) e que certamente constituiu a fonte para a crônica de Brito Broca.

composições da sua fase na Bahia, entre 1679, quando chega de Coimbra nomeado para desembargador de Relação Eclesiástica em Salvador, e 1694, quando é deportado para Angola. Na primeira delas — um "romance" em que se apresenta como procurador da Bahia para inocentá-la de defeitos, sob o argumento de que não constituíam culpa sua, "mas sim dos viciosos moradores, que em si alberga" —, dizia Gregório de Matos na estância de 36 versos intitulada "Preceito 1":

"Que de quilombos que tenho
com mestres superlativos,
nos quais se ensinam de noite
os calundus, e feitiços,
com devoção os frequentam
mil sujeitos femininos,
e também muitos barbados
que se prezam de narcizos.
Ventura dizem que buscam;
não se viu maior delírio!
eu, que os ouço, vejo, e calo
por não poder diverti-los.
O que sei é que em tais danças
Satanás anda metido,
e que só tal padre-mestre
pode ensinar tais delírios.
Não há mulher desprezada,
galã desfavorecido,
que deixe de ir ao quilombo
dançar o seu bocadinho.
E gastam belas patacas
com os mestres de cachimbo,
que são todos jubilados
em depenar tais patinhos.
E quando vão confessar-se,
encobrem aos Padres isto,

porque têm por passatempo,
por costume ou por estilo.
Em cumprir as penitências
rebeldes são, e remissos,
e muito pior se as tais
são de jejum, e cilícios.
A muitos ouço gemer
com pesar muito excessivo,
não pelo horror do pecado,
mas sim por não consegui-lo."[10]

Tal como se depreende, o poeta informava que em terreiros abertos nos matos próximos da cidade, e chamados de *quilombos* (do ambundo *kilombo*, "acampamento na mata", "lugar de pouso durante viagens"), realizavam os negros, por aqueles meados do século XVII, sessões de religiões africanas em que mestres de cachimbo (por certo os sacerdotes hoje conhecidos como *babalorixás*) invocavam calundus para saber o destino de mulheres desprezadas (a maioria) e de homens em dúvida quanto a perspectivas amorosas ("galãs desfavorecidos"). E como tais rituais incluíam, necessariamente, o ritmo dos tambores e atabaques, além de danças das filhas de santo, os que não procuravam tais quilombos por fé nos vaticínios ("Ventura dizem que buscam") — pagando para isso "belas patacas" a negros "jubilados em depenar tais patinhos" — justificavam sua presença com a procura de diversão ("por passatempo, por costume, ou por estilo").

A segunda composição poético-satírica de Gregório de Matos a focalizar a invocação dos calundus — e já agora usando o sinônimo lunduz, ou lundus — receberia do organizador do có-

---

[10] "Queyxa-se a Bahia por seu bastante procurador, confessando que as culpas, que lhe increpão, não são suas, mas sim dos viciosos moradores, que em si alberga — Romance". In: Gregório de Matos, *Obras completas*, Salvador, Janaína, 1969, pp. 15-6.

dice apógrafo das obras do poeta o mais longo título de toda a série:

> "A Brazia do Calvário outra mulata meretriz de quem também fallaremos, que estando em acto venereo com hum frade franciscano, lhe deo um acidente a que chamão vulgarmente Lunduz, de que o bom frade não fez caso, mas antes foy continuando no mesmo exercício sem desencavar, e somente o fez, quando sentio o grande estrondo, que o vazo lhe fazia".[11]

Nas oito décimas em que conta essa anedota pornográfico-escatológica do frade obrigado a interromper a cópula pela explosão dos gases da parceira imprevistamente possuída pelos calundus (identificados erroneamente com o diabo: "O demo, que é mui manhoso,/ veio então a conjurar-vos"), Gregório de Matos contribui para comprovar a amplitude que, já por aquela segunda metade do século XVII, o sincretismo negro-religioso africano havia alcançado entre a população de pouco mais de 10 mil moradores da Bahia:

> "Brásia: que brabo desar!
> vós me cortastes o embigo,
> mas inda que vosso amigo,
> não vos hei de perdoar:
> puseste-vos a cascar,
> e invocastes os Lundus;
> Jesus, nome de Jesus!
> quem vos meteu no miolo,
> que se enfeitiçava um tolo,
> mais que co jogo dos cus?

---

[11] Conforme manuscrito anônimo transcrito por James Amado, *Obras completas de Gregório de Matos: Sacra, Lírica, Satírica, Burlesca*, Salvador, Janaína, 1969, v. 5, pp. 1.133-6.

O Fradinho Franciscano
sendo um servo de Jesus,
que lhe dava dos Lundus,
se é mais que os Lundus magano?
tinha ele alimpado o cano,
quatro vezes da bisarma,
e como nunca desarma
tão robusta artilharia,
dos lundus que lhe daria,
se ele estava co'aquela arma?

Chegados os tais lundus
os viu no vosso acidente,
que se os vê visivelmente
também lhe dera o seu truz;
desamarrados os cus,
porque o Frade desentese,
foi-se ele, pêse a quem pêse,
e em vós assombrada tôda,
perdestes a quinta foda
e talvez que fôssem treze."[12]

Bem entendido o quadro de costumes implicitamente pintado em tais versos, a sátira de Gregório de Matos vale por um documento inestimável. Conta ele, em verdade, que um devasso frade franciscano, ao escolher uma mulata filha de santo para contato sexual, teve a surpresa de ver a parceira entrar em transe durante a cópula, o que a levava a ser possuída não apenas por ele, mas por seus calundus. Segundo a invenção do poeta, a mulata Brásia teria agido propositadamente, para assim enfeitiçar o frade ("e invocastes os Lundus"), mas em vão: o frade era mais

---

[12] "A Brazia do Calvário...". In: *Obras completas de Gregório de Matos*, pp. 1.133-4.

matreiro que os próprios entes sobrenaturais e, como estava armado (referência à ereção do pênis), ao perceber o "acidente" (ou seja, a possessão), não se importou com o fato ("dos lundus que lhe daria,/ se ele estava co'aquela arma?"), e talvez lhes tivesse disparado mesmo sua "arma", se acaso fossem visíveis.

Assim, a única coisa que a mulata Brásia conseguiu foi o ridículo para ela mesma e para o frade, afinal projetado longe pelas explosões provocadas pelos lundus de que estava possuída:

> "O demo, que é mui manhoso,
> veio então a conjurar-vos,
> que à força de espeidorrar-vos
> veja o mundo um Frei Potroso"[13]

E, aliás, ficando entendido com a imagem "Frei Potroso" que o frade, ante a explosão de gases da mulata Brásia, saíra a espernear como um potro.

A mais importante revelação encontrada nos versos dessa anedota setecentista de Gregório de Matos, porém, é o fato de mostrar que a palavra *calundus* admitia o sinônimo *lundus*, usado também sempre no plural. Essa sinonímia, afirmada pelo gramático João Ribeiro em seu livro *A língua nacional*, mas negada pelo musicólogo Mozart de Araújo em seu estudo *A modinha e o lundu no século XVIII*, implica numa discussão que interessa à história da música popular no Brasil: uma vez que a partir dos setecentos começam a aparecer notícias em torno de uma dança de roda a base de umbigadas e castanholar de dedos com o nome de *lundu*, teria tal novidade alguma coisa a ver com os batuques chamados de *calundus* e, às vezes, de *lundus*?

Apesar da sinonímia, a resposta certa é negativa, porque os lundus-calundus — com toda a ideia de sons de batuque e de

---

[13] "A Brazia do Calvário...", *op. cit.*, v. 5, p. 1.136.

dança que a eles se tenha agregado — têm sempre em comum a origem religiosa, enquanto o futuro lundu (conhecido também como lundum, landum, londum, londu e landu) refere-se invariavelmente a uma dança profana, mais cultivada por brancos e mestiços do que por negros, e que estava destinada a transformar-se, ainda no século XVIII, em número de teatro e canção humorística.

Essa ligação dos calundus com a religião dos africanos no Brasil ficaria atestada de maneira definitiva na obra de um contemporâneo mais moço do mesmo Gregório de Matos: o *Compêndio narrativo do peregrino da América*, do moralista baiano Nuno Marques Pereira (1652?-1733?). Este autor, que desde a introdução de sua obra já declarava a disposição de denunciar os erros e vícios morais de seu tempo, "levado do zelo e amor de Deus, e da caridade ao próximo; por ver e ouvir contar o como está introduzida esta quase geral ruína de feitiçarias, e calundus nos escravos e gente vagabunda neste Estado do Brasil",[14] assim descrevia no capítulo XI um desses batuques, ouvido durante a noite na casa de um proprietário do Recôncavo, na virada do século XVII para o XVIII:

> "Não era ainda de todo dia, quando ouvi tropel de calçado na varanda: e considerando andar nela o dono da casa, me puz de pé; e saindo da câmera, o achei na varanda, e lhe dei os bons dias, e ele também a mim. Perguntou-me como havia em passado a noite? Ao que lhe respondi: Bem de agasalho, porém desvelado; porque não pude dormir toda a noite. Aqui acudiu ele logo, perguntando-me, que causa tivera? Respondi-lhe, que fôra procedido [devido ao] estron-

---

[14] Nuno Marques Pereira, *Compêndio narrativo do peregrino da América*, 6ª ed., Rio de Janeiro, Academia Brasileira de Letras, v. 1, p. 6 (Prefácio "Ao leitor").

do dos atabaques, pandeiros, canzás, botijas, e castanhetas; com tão horrendo alarido, que se me representou a confusão do Inferno. E para mim me disse o morador, não há cousa mais sonora, Para dormir com sossego. A isto lhe disse eu: Com razão dizem os naturais que vivem junto do Nilo, que não sentem o estrondoso sussurro de suas correntes; e pelo contrário os que vão de fora se não podem entender, ainda quando mais alto gritam. Senhor (me disse o morador), se eu soubera que havieis de ter este desvelo, mandaria que esta noite não tocassem os pretos seus Calundús".[15]

E é na resposta do dono da casa à pergunta feita então pelo visitante — "que cousa é Calundús?" — onde Nuno Marques Pereira revela o verdadeiro sentido negro-religioso das cerimônias dadas a conhecer a distância apenas pelo estrondo dos batuques:

"São uns folguedos, ou adivinhações (me disse o morador) que dizem estes pretos que costumam fazer nas suas terras, e quando se acham juntos, também usam deles cá, para saberem várias cousas; como as doenças de que procedem; e para adivinharem algumas cousas perdidas; e também para terem ventura em suas caçadas, e lavouras; e para outras cousas".[16]

Confirmado o caráter religioso da ruidosa solenidade, interpretada pelo proprietário como um batuque de negros comum (tratava-se de ritual para consulta do tipo feito a Ifá, um dos quatro maiores orixás, com função de oráculo, e ao qual talvez se ligassem os calundus), o peregrino moralista passa então a acusar

---

[15] Nuno Marques Pereira, *op. cit.*, p. 123.
[16] Nuno Marques Pereira, *op. cit.*, pp. 123-4.

o proprietário de permitir a infringência do primeiro mandamento da Lei de Deus ("Por este preceito se proibe e condena todo o culto dos Ídolos, e superstições e uso de arte mágica"), para concluir, doutrinando:

> "É sem dúvida que estes Calundús, que vós chamais, e consentis que usem deles os vossos escravos, e na vossa fazenda; é rito, que costumam fazer, e trazer estes Gentios de suas terras".[17]

Em consequência, segundo a visão autoritária do doutrinador a serviço da ideologia religiosa dos colonizadores, tais solenidades deveriam ser proibidas, para evitar que se transformassem numa inaceitável afirmação de resistência da cultura dominada:

> "Logo, como se lhes pode permitir agora, que usem de semelhantes ritos, e abusos tão indecentes, e com tais estrondos, que parece que nos quer o Demônio mandar tocar triunfo ao som destes infernais instrumentos, pera nos mostrar como tem alcançado vitória nas terras, em que o verdadeiro Deus tem arvorado a sua Cruz à custa de tantos Operários, quantos têm introduzido neste novo mundo a verdadeira Fé do Santo Evangelho?".[18]

E, após censurar o anfitrião por sua liberalidade, pediu-lhe que mandasse chamar seus escravos para doutriná-los contra a idolatria, o que fez com uma longa pregação, para terminar obrigando a todos — negros, escravos e brancos da família — a se ajoelharem e rezarem um ato de contrição em conjunto:

---

[17] Nuno Marques Pereira, *op. cit.*, p. 125.
[18] *Idem*.

"Acabado este grande ato, disse eu ao dono da casa: que mandasse vir todos os instrumentos, com que se obravam aqueles diabólicos folguedos. O que se pôs logo em execução, e se mandaram vir para o terreiro: e no meio dele se fêz uma grande fogueira, e nela se lançaram todos. Ali foi o meu maior reparo, por ver o horrendo fedor, e grandes estouros, que davam os tabaques, botijas, canzás e castenhetas, e pés de cabras; com um fumo tão negro, que não havia quem suportasse: e estando até então o dia claro, se fechou logo com uma lebrina [sic] tão escura, que parecia se avizinhava a noite. Porém eu, que ficava tudo da Divina Magestade, lhe rezei o Credo; e imediatamente com uma fresca viração tudo se desfez. Ali os fui confortando, e exortando; de sorte, que metidos em confiança do poder e amor de Deus, ficaram muito contentes".[19]

O auto-de-fé autoritariamente imposto pelo peregrino — personagem que, afinal, representava o pensamento oficial da elite colonial, já à época formada não apenas pelos colonizadores portugueses, mas por brasileiros, como o próprio Nuno Marques Pereira — ilustrava muito provavelmente uma má vontade dos melhores "moradores" brancos contra o barulho dos batuques de negros, a essa altura cultivados por todas as capitanias e não constituindo, assim, uma particularidade da Bahia.

Em Minas Gerais, por exemplo, uma denúncia leva, em 1734, a justiça do rei a repreender Gaspar Pimentel Velho, da Freguesia de Santo Antônio do Bom Retiro da Roça Grande, por permitir "que em sua casa se dansem os Calhandos [evidente variante mineira para os calundus]". E, no caso, a preocupação da justiça era maior porque Gaspar Pimentel não se limitava a saber que "uma escrava sua que por nome não se perca também os

---

[19] Nuno Marques Pereira, *op. cit.*, pp. 128-9.

costuma dançar", mas incorria pessoalmente nas "culpas de consentir as supersticiosas danças dos Calhandos e entrar nelas".[20] Seria talvez por essa participação de brancos, cada vez em maior número, nesses batuques de negros (que incluíam às vezes não apenas danças rituais, mas também alegres confraternizações raciais), o que tenha feito crescer a vigilância do poder policial.

Em 1735, na Bahia, uma portaria de 16 de março ordenava ao capitão do terço de Henrique Dias, Manuel Gonçalves de Moura (que devia ser crioulo, pois tal corpo militar era integrado por negros), a realização de uma batida policial em terras dos frades beneditinos no bairro do Cabula. A ordem ao capitão era no sentido de que "com toda a cautela examine a parte da casa em que ali se dançam lundus [ou seja, calundus], porque me consta que se usa há muito tempo naquele sítio deste diabólico folguedo, e faça toda a diligência para prender a todas e quaisquer pessoas, ou sejam brancos ou pretos, que se acharem no referido exercício, ou assistindo a ele, trazem em sua companhia em segurança para a cadeia desta cidade e também trará os trastes e instrumentos que achar...".[21]

---

[20] *Apud* José Ferreira Carrato, "A crise dos costumes nas Minas Gerais do século XVIII", Separata da *Revista de Letras* da Faculdade de Filosofia, Ciências e Letras de Assis, 1962, v. 3, pp. 241-2. Em nota de pé de página, em que abona sua citação com a indicação da fonte — Livro 3º das Devassas ou Visitas, do Arquivo Metropolitano de Mariana —, o autor incorre, entretanto, no equívoco de confundir *calhando* com *calhandra*: "nome que os portugueses das Minas, geralmente procedentes do Minho, dão a certa dança, com acompanhamento de viola".

[21] *Apud* Hebe Machado Brasil, *A música na cidade do Salvador, 1549-1900: complemento da história das artes na cidade do Salvador*, publicação comemorativa do IV Centenário da Cidade de Salvador, Prefeitura Municipal de Salvador, 1969, p. 17. A autora cita o documento como comprobatório da proibição do lundu, dança de par em meio a roda de participantes, já em 1735, mas a referência a "diabólico folguedo" mostra que a autoridade tinha em vista a repressão a uma solenidade da religião negra frequentada por brancos.

Ao que tudo indica, pois, esse problema, até pouco julgado apenas religioso e interpretado como "diabólico folguedo", passou, na verdade, a constituir, desde meados do século XVIII, uma preocupação também para as autoridades civis, alarmadas com as mudanças de costumes que tal democratização, iniciada da mistura com escravos, começava a provocar em segmentos mais elevados da sociedade branca. E um indicador dessa exacerbação de ânimos podia ser citado em Minas, em 1758, quando o governador-geral interino José Antônio Freire de Andrada (que substituía o irmão Gomes Freire, em campanha no sul) precisou repreender o capitão-mor de Vila Rica por ter arbitrariamente mandado "prender quatro feitores seus por estes haverem feito hum batuque no seu Oratório". A competência para tal delito, esclarecia o governador interino — se delito havia —, era das "Justiças Ecleziásticas, ou Seculares, e não a Me, a quem havia mandar castigar".[22]

A preocupação das autoridades se justificava, no entanto, porque os batuques começavam, talvez, desde o início dos setecentos, a não se restringirem mais aos terreiros de negros escravos, mas, pela adesão de brancos e mestiços, a alcançarem expansão social crescente, passando a ser cultivados também entre as heterogêneas camadas mais baixas das zonas urbanas de cidades e vilas. É o que em 1763 atestaria um edital do juiz ordinário do Arraial de Minas do Paracatu: ante queixas dos moradores contra os batuques, o licenciado Caetano Miguel de Moura proibia o "maldito desenfado" em sua jurisdição. E o fundamento da decisão seria a "notoria publicidade das desordens que atualmente acontecem, motivadas da dança a que chamam batuque, que se não pode exercitar sem o concurso de bebidas, e mulheres protestuhidas de que resulta pelas bebidas obrarem com total falta

---

[22] Documento do Arquivo Público Mineiro transcrito por Curt Lange, "As danças coletivas públicas no período colonial brasileiro", *Barroco — Revista de Ensaio e Pesquisa*, Belo Horizonte, 1969, nº 1, pp. 38-9.

de Juizo, e pelas mulheres os ciúmes, que causam aos seus Amasios, que nenhuma deixa de os ter de que vem a resultar brigas, desordens, ferimentos e ainda talvez Mortes, procedimentos estes tão contrários à paz e sossego dos Povos".[23]

No caso de Minas, essa nova problemática enfrentada pelas autoridades prendia-se ao aumento desproporcionado da população urbana, agravado ainda mais pela decadência da mineração. Com a desmobilização progressiva do trabalho nas lavras quase exauridas, milhares de antigos mineradores e seus escravos, pequenos comerciantes, mascates, trabalhadores livres, aventureiros, padres e prostitutas deslocaram-se para as cidades e vilas mais próximas, fazendo praticamente explodir o acanhado quadro social urbano colonial. É evidente que, na área dos costumes, isso ia traduzir-se numa quebra de padrões morais e, por extensão, no aparecimento de uma série de novos hábitos sociais destinados a provocar, no campo do lazer, o surgimento de formas até então desconhecidas de diversão. No âmbito das camadas mais baixas, essas novidades seriam representadas — nada por coincidência — pela criação de danças derivadas dos batuques, como o lundu (que no Nordeste chegaria com o nome de baiano) e a fofa (logo levada do Brasil para Portugal, onde passaria por dança nacional),[24] chegando ainda a enriquecer a linguagem com neologismos. No já citado edital de 1763 contra os batuques do licenciado Caetano Miguel de Moura, por exemplo, aparecia a novidade do substantivo *batuqueiro* ("batuqueiros e seus consócios não serão soltos assim homens como mulheres sem primei-

---

[23] Documento a fls. 31 do 2º dos Livros da Comarca de Paracatu, no Livro de Registro Geral das Ordens Régias, conforme citação parcial por José Ferreira Carrato, "A crise dos costumes nas Minas Gerais do século XVIII", p. 242.

[24] Sobre as danças brasileiras do lundu, da fofa e do fado em Portugal ver, do autor, *Os negros em Portugal: uma presença silenciosa*, Lisboa, Editorial Caminho, 1988.

ro assinarem termo de mais não procurarem semelhante dança nem dela usarem") e, vinte e poucos anos depois, ainda em Minas, o poeta Tomás Antônio Gonzaga iria consagrar literariamente o verbo *batucar*. Seria na Carta 11ª de suas satíricas *Cartas chilenas* quando, referindo-se, na segunda pessoa do singular do presente do indicativo, ao autoritário e mulherengo governador Luís da Cunha Meneses, denunciava:

> "Ah! tu, famoso chefe, dás exemplo.
> Tu já, tu já batucas, escondido
> debaixo dos teus tetos, com a moça
> que furtou ao senhor o teu Ribério!
> Tu também já batucas sôbre a sala
> da formosa comadre, quando o pede
> a borracha função do santo Entrudo"[25]

Nessas suas *Cartas chilenas*, que focalizavam fatos ocorridos durante a administração do "chefe" Meneses, de 1783 a 1788, o poeta Gonzaga demonstrava, aliás, distinguir perfeitamente a existência de duas modalidades de danças envolvendo o que até pouco era considerado uma manifestação rítmico-coreográfica apenas: na 6ª Carta — "Em que se conta o resto dos festejos" (por acaso os do casamento do infante D. João, futuro D. João VI do Brasil, com D. Carlota Joaquina) — o poeta anotava, naquelas festas de 1786, que "a ligeira mulata, em trajes de homem,/ dança o quente lundum e o vil batuque".[26]

Ora, se desde 1768-69, em Pernambuco, o então governador D. José da Cunha Grã Ataíde já pudera determinar também (como revelaria em depoimento de 1780) a existência de uma cla-

---

[25] Tomás Antônio Gonzaga, *Cartas chilenas*. In: *Poesias*, Rio de Janeiro, Instituto Nacional do Livro, 1957, v. 1, p. 295 (Série Obras Completas de Tomás Antônio Gonzaga).

[26] Tomás Antônio Gonzaga, *op. cit.*, p. 249.

ra dualidade entre as danças cobertas sob o nome genérico de *batuques*, não é difícil imaginar qual a diferença entre as modalidades definidas por quente lundum e vil batuque: *quente lundum* seria a variante criada pelo gosto mais moderno de brancos e mulatos atraídos às festas de negros "por passatempo, por costume, ou por estilo" (como atestara Gregório de Matos); *vil batuque* seria a primitiva roda de dança negro-africana propriamente dita, assim declarada "vil" por sua vinculação mais direta com os escravos. O nome designativo da reunião continuava o geral de *batuque* ("Fizemos esta noite um tal batuque:/ Na ceia todos nós nos alegramos"),[27] mas o que essa antiga manifestação religioso-pagã de escravos agora abrigava não eram mais danças exclusivas de africanos, pois incluía também formas delas derivadas, como o lundu. E a prova disso estaria em que, ao precisar a diferença entre o que era ritual negro-africano e contribuição mestiça e branco-brasileira em tais batuques, era o próprio ex-governador de Pernambuco quem informava ao ministro Martinho de Melo e Castro, em Portugal, constituir o lundu coisa "dos brancos e pardos daquele país". De fato, em seu parecer destinado a informar consulta do governador José César de Meneses (que não sabia como atender ao pedido de providências do Tribunal de Inquisição contra as "danças supersticiosas em Pernambuco"), esclarecia D. José da Cunha:

> "Recebi o avizo de V. Exa. de 9 de Junho em q. S. Mag. ordena dê o meu parecer a visto das Cartas do Sto. Officio e do Governador de Pernambuco; pela do Sto. Officio vejo tratar de danças supersticiosas, e pela do Govor. vejo tratar de danças que ainda que não sejão as mais santas não as considero dignas de huma total reprovação; estas considero Eu e pella carta do Govor, vejo serem as mesmas aquellas que os Pretos

---

[27] Tomás Antônio Gonzaga, *op. cit.*, p. 296.

divididos em Nagoens [divididos em nações] e com instrumentos próprios de cada huma nação e fazem voltas como Harlequins, e outros dançam com diversos movimentos do corpo, que ainda que não sejam os mais innocentes são como os Fandangos de Castella, e fofas de Portugal, e os Lundus dos Brancos e Pardos daquelle Paiz".[28]

E a conclusão do ex-governador de Pernambuco era a de que, tal como fizera ele em seu tempo de administrador (1768-1769), o certo seria reprimir uns ("os Bailes que entendo serem de uma total reprovação são aquelles que os Pretos da Costa da Mina fazem as escondidas, ou em Cazas ou Roças com huma Preta Mestra com Altar de Ídolos [i. e., com ialorixá e peji]" e liberar os outros. E assim realmente aconteceu, uma vez que, logo após tomar conhecimento desse parecer do Conde de Pavolide, de 10 de junho, o ministro Martinho de Melo, já a 4 de julho daquele mesmo ano de 1780, enviava ao governador de Pernambuco um aviso ordenando-lhe da parte de Sua Majestade "não permitisse as danças supersticiosas e gentílicas", mas quanto às demais "dos pretos, ainda que pouco inocentes, podiam ser toleradas, com o fim de evitar-se com este menor mal outros males maiores, devendo contudo usar de todos os meios suaves, que a sua prudência lhe sugerisse, para ir destruindo pouco a pouco um divertimento tão contrário aos bons costumes".[29]

---

[28] Documento à fls. 23-verso da série "Correspondência da Corte, 1780-1781", acervo da Biblioteca do Estado de Pernambuco, transcrito na íntegra por Robert C. Smith, "Décadas do Rosário dos Pretos: documentos da Irmandade", *Revista Arquivos*, Recife, Divisão de Documentação e Cultura, p. 148, n° 1/2, 1945-1951.

[29] *Apud* Pereira da Costa, "Folclore pernambucano", *Revista do Instituto Histórico e Geográfico Brasileiro*, Rio de Janeiro, 1908, p. 205, t. 80, part. 2.

A última parte da recomendação não pôde jamais ser cumprida: criada por brancos e mestiços frequentadores de batuques de negros pelos inícios do século XVIII, em ambientes à margem da sociedade oficial (as "casas de alcouce" a que se referiam os documentos da época), a dança do lundu, ou lundum, estava destinada a subir aos palcos do teatro popular dos entremezes de Portugal em meados dos setecentos e a entrar nas salas das famílias brancas ao despontar o século XIX no Brasil. E não apenas como dança de roda, mas com seus antigos estribilhos de ritmo marcado por palmas transformados em canção, quase sempre entoada ao som de viola.

2.
A RAZÃO DAS UMBIGADAS:
O LUNDU, A FOFA E O FADO
NOS SÉCULOS XVIII E XIX

O fato de os batuques constituírem para os escravos africanos, desde o século XVI, um dos raros momentos de livre exercício de seus costumes originais, ia garantir a esses encontros uma riqueza de expressões de que os colonizadores — tão bem simbolizados na figura do fazendeiro descrito por Nuno Marques Pereira no *Peregrino da América* — jamais poderiam imaginar a extensão.

Na verdade, tal como o exame mais atento das raras informações sobre essas ruidosas reuniões de africanos e seus descendentes crioulos deixa antever, o que os portugueses chamaram sempre genericamente de batuques não configurava um baile ou um folguedo, em si, mas uma diversidade de práticas religiosas, danças rituais e formas de lazer.

Quando, afinal, pelo correr do século XVIII, as autoridades começaram a distinguir nessas reuniões à base de danças, cantos e ritmos de percussão o que era culto religioso daquilo que constituía apenas ritos da vida social ou mera diversão para os escravos, os campos começaram a ser delimitados. E, assim, ao mesmo tempo que as cerimônias religiosas passaram a ser realizadas em locais abertos às escondidas na mata — o que explica o nome de *roça* ainda hoje usado na Bahia para os terreiros de candomblé —, os batuques da área urbana ou da periferia dos núcleos povoados da zona rural puderam ganhar, afinal, o caráter oficialmente reconhecido de local de diversão.

E foi assim que, com o paralelo crescimento da participação de brancos e mulatos das camadas baixas das cidades e vilas nesses "batuques de negros", começaram a surgir adaptações provocadas pelo casamento da percussão, da coreografia e do canto responsorial africano-crioulo com estilos de danças, formas melódicas e novo instrumental (principalmente a viola), introduzidos pelos herdeiros nativos da cultura europeia.

Toda a história das músicas e danças que compõem o vasto painel de criações populares, quer na área do campo (onde se desenvolvem as tradições folclóricas), quer na área da cidade (onde as mudanças são mais rápidas, pela interferência da indústria cultural), só pode ser estudada a partir da realidade dessa mistura de influências crioulo-africanas e branco-europeias.

Foi o reconhecimento implícito desse processo que permitiu, em 1961, ao antropólogo Édison Carneiro, formular uma proposta de classificação das formas de canto e dança folclóricas brasileiras derivadas dos batuques, tomando por base a existência entre elas de um traço comum de nítida origem crioulo-africana: a umbigada.

Embora o competente autor desse estudo pioneiro, intitulado *Samba de umbigada*, não tenha aprofundado a pesquisa das origens dos batuques no Brasil, sua proposta de identificação da fonte comum do lundu ou baiano, do coco, do bambelô, do tambor de crioula, do jongo, do caxambu, do bate-baú e das várias modalidades do samba de roda baiano e carioca (batuque, batucada e partido alto) tem toda procedência. E isso porque não apenas essas danças, mas outras que omitiu — como a fofa e o fado —, derivam todas da existência, dentro dos batuques de negros dos três primeiros séculos da colonização, de uma sobrevivência africana: a umbigada, simbólica das danças rituais e do lembamento.

De fato, como todas as danças rituais constituem, na realidade, representações alegóricas, as que cumpunham, na África, a espécie de suíte de cenas da vida dos casados, dançadas durante a cerimônia culminante do casamento ("*Lembamento* ou *lemba* é o nome que se dá à cerimônia do casamento entre os negros", explica Alfredo de Sarmento em *Os sertões d'África*), teriam que incluir, necessariamente, referências explícitas aos jogos amorosos e atos sexuais. As formalidades práticas e exigências rituais que precediam o casamento no Congo-Angola, aliás, ocupavam mais de uma semana, pois o contrato girava em torno do ajustamento do *m'lemba*, o preço da virgindade (de onde o nome lemba, ou lembamento), e a própria noiva precisava passar por um período de oito dias de reclusão na casa do uso ou casa da tinta, quando era untada com resina da tacúla e recomendada ao itéque ou ídolo responsável pela felicidade e fertilidade dos casais.

E era a essas providências que se seguia — segundo o português Alfredo de Sarmento, que de tudo se informara em sua viagem pelo interior africano, de São Paulo de Assunção de Luanda, em Angola, até São Salvador, no Congo — a festiva cerimônia ritual da apresentação da nova casada à comunidade, como descrevia o autor testemunha:

> "Passados oito dias, é conduzida [a noiva] a uma outra cubata onde a ataviam com os melhores panos que possuem, ornando-lhe os braços e as pernas com braceletes de vidro, de coral e de cobre, e outros feitos de miçangas de variegadas cores. Em seguida, é levantado um estrado, no qual colocam a nubente, e reunidos todos os parentes e convidados, começam as cantigas obscenas e as danças desonestas, nas quais lhe pintam as cenas que a esperam, terminando a cerimônia por aclamarem-na *quicumbe*, que quer dizer rainha".[30]

Conforme revelação de outro observador português dos costumes tradicionais ainda vigentes no antigo reino do Congo na segunda metade dos oitocentos, o comerciante Ladislau Batalha, essa dança ritual que tanto escandalizava os estrangeiros era chamada de *quizomba*. O missionário A. Cavazzi da Montecúccolo,

---

[30] Alfredo de Sarmento, *Os sertões d'África: apontamentos de viagem*, Lisboa, Editor-proprietário Francisco Arthur da Silva, 1880, p. 86.

em sua *Istorica descrittione de'tre regni Congo, Matamba, et Angola...*, registra *quitomba* e explica que conforme a província podia chamar-se também *npanbuatari, quiscia* e *quingaria*, e pessoalmente informava ainda a existência do "*mampombo*, espécie de dança erótica, ligada aos ritos sexuais". Quem forneceria, porém, alguns pormenores sobre a dança seria Ladislau Batalha:

"O *quizomba* tem sempre lugar nos quintais largos, e é tema obrigado quase todas as noites. Por isso, seja qual fôr a hora em que se viaje pelo interior, depois do sol posto, sempre se ouve aqui ou acolá a puíta roncando seus roncos mostruosos e a cantoria dos bailarinos. A dança consiste em formar uma roda, dentre a qual saem uns pares que bailam no largo, dois a dois, tomando ares invocadores e posições indecorosas, em que a voluptuosidade discute com a insolência as honras da primazia. Os que entram na dança cantam em côro a que os dois pares respondem em canções alusivas a todos os feitos conhecidos da vida privada dos presentes e dos ausentes".[31]

Ora, como no Brasil essas danças do sertão africano passaram a integrar, a partir dos fins do século XVIII, já com caráter de simples folguedo, as animadas rodas de negros que os portugueses chamavam de *batuques* — e que incluíam outros retalhos de antigas cerimônias rituais —, a realista quizomba vinda das solenidades do alembamento iria constituir apenas uma entre tantas outras dança trazidas da África. E, entre estas, estaria a dança dos batuques da região mais ao sul de Angola, cuja característica maior seria a peculiaridade coreográfica da vênia chamada *samba*, ou umbigada.

---

[31] Ladislau Batalha, *Costumes angolenses*, Lisboa, 1890, p. 150.

A notícia de que essas pequenas diferenças regionais existiam — apesar de que, como pensava Frei Cannecattim, "as duas nações congueza e bunda se derivariam de uma mesma origem e família", pois eram as duas "conformes" não apenas nas leis, mas "nos infames usos da nigromancia, e os bailes que chamam *lundús*, *batuques* e outros menos abomináveis"[32] — seria atestada ainda por Alfredo de Sarmento em seu *Os sertões d'África*, ao anotar:

> "Como já disse, os cantares que acompanham estas danças lascivas, são sempre imorais e até mesmo obscenos, histórias de amores descritas com a mais repelente e impudica nudez.
>
> Em Loanda e em vários presídios e distritos, o *batuque* difere deste que acabamos de descrever [o da cerimônia do lembamento], que é peculiar do Congo e dos sertões situados ao norte do Ambriz.
>
> Nesses distritos e presídios, o *batuque* consiste também num círculo formado pelos dançadores, indo para o meio um preto ou preta que depois de executar varios passos, vai dar uma embigada, a que chamam *semba*, na pessoa que escolhe, a qual vai para o meio do círculo, substituí-lo".[33]

---

[32] Frei Bernardo Maria de Cannecattim, *Coleção de observações gramaticais sobre a língua bunda ou angolense e dicionário abreviado de língua conguesa*, 2ª ed., Lisboa, Imprensa Nacional, 1859, pp. 11-2.

[33] Alfredo de Sarmento, *op. cit.*, p. 127. Na página 206 do "Folclore pernambucano", Pereira da Costa, ao referir-se a batuques com cantos de "letra africana" por ele ouvidos em fins do século XIX, em Pernambuco, acusa também a existência de diferenças conforme a procedência dos dançadores, "do Congo, ou de Loanda", mas, ao explicá-las "segundo uma descrição que temos presente", limita-se a reproduzir, sem aspas, as palavras de Alfredo de Sarmento. A descrição que Pereira da Costa "tinha presente", portanto, só podia ser a que consta de *Os sertões d'África*.

E a essa observação o mesmo autor acrescentava um comentário de importância definitiva para a compreensão do fenômeno de aculturação a que já se sujeitavam no século XIX, na própria África, as danças tradicionais, ao contato com o colonizador europeu:

"Esta dança que se assemelha muito ao nosso *fado*, é a diversão predileta desta parte do sertão africano, onde a influência dos europeus tem modificado de algum modo a sua repugnante imoralidade. Os cantares são menos obscenos, e não raro é vêr tomar parte num batuque, por ocasião de festa, alguns indígenas de classe mais elevada".[34]

Isso tudo quer dizer que, quando a partir da segunda metade do século XVIII os brancos e mulatos entraram a frequentar com assiduidade, no Brasil, os batuques de negros, já em processo de transformação na África, por influência do colonizador, o quadro que se oferecia era o da existência de uma cultura pronta para a mudança ante o afastamento cada vez maior dos próprios crioulos de seus modelos institucionais africanos.

O que se pode deduzir, pois, é que, ao se defrontarem os batuques de africanos e crioulos da colônia e do vice-reino com a diversidade de sugestões de cantos e danças negros, de alguma forma desestruturados — em parte por influência das condições locais, em parte por mudanças ocorridas na própria África —, os brancos e mulatos brasileiros não encontraram qualquer dificuldade em se apossar dos elementos a que mais se adaptavam, para com eles compor novas formas de danças e de cantos, logo tornados nacionais.

As três primeiras danças criadas por brancos e mestiços do Brasil a partir da matéria-prima do ritmo e da coreografia criou-

---

[34] Alfredo de Sarmento, *op. cit.*, pp. 127-8.

lo-africana dos batuques foram, pela ordem, a fofa, o lundu e o fado.

Pelo que se depreende das descrições da dança da fofa desde 1730 — quando, em Portugal, aparece no *Folheto de Ambas Lisboas* a mais antiga referência a tal dança — e do lundu desde 1780 — quando o Conde de Pavolide recorda-o dançando em Pernambuco em 1768-1769 —, esses dois gêneros de dança pouco se diferenciavam um do outro, pois ambos tiravam dos batuques duas das contribuições negro-africanas que mais os distinguiam: os meneios de corpo julgados indecentes do Congo, na fofa, e a alegre irreverência das umbigadas de Angola, no lundu. E, além do mais, o único elemento coreográfico representativo da contribuição branco-europeia (o castanholar de dedos dos bailarinos com os braços levantados para o alto, arqueados sobre a cabeça) aparecia tanto numa quanto noutra.

O que parece haver contribuído para a diversidade da evolução das duas danças talvez tenha sido o fato de a fofa ser sempre apenas dança, enquanto o lundu — neste ponto mais preso à sua origem negro-africana dos batuques — compreender o repetido canto de um estribilho geralmente marcado pelo ritmo de palmas, ao qual, com o passar do tempo, se iriam acrescentar estrofes acompanhadas de viola, fazendo nascer o lundu-canção.

Em Portugal, onde a fofa ganharia foros de dança nacional, a partir do entusiasmo com que a receberam as camadas populares — em Lisboa, tal como no Rio de Janeiro e Salvador, repleta de negros —, as descrições que dela fazem os visitantes estrangeiros no século XVIII demonstram sua semelhança com o lundu, exceto em dois pontos: não incluía cantos nem umbigadas.

Em 1765, por exemplo, um certo Dumouriez, militar francês que passou treze meses em Portugal como espião pessoal de Luís XV, após registrar em seu livro *État présent du Royaume de Portugal en l'année MDCCLXVI* que "a dança nacional é chamada fofa", acrescentava:

"É dançada a dois, como no fandango ao som de viola mal tocada ["d'une mauvaise guitare", entendido aí *guitare* como viola, e não como violão, como geralmente traduzem]; os movimentos, extremamente indecentes, imitam de perto o momento do orgasmo, e o dançarino geralmente acrescenta aos meneios gestos obscenos e palavras lúbricas que divertem o público".[35]

Dez anos depois, outro francês, escondido sob o pseudônimo de Duc du Châtelet, seria em 1777 novamente testemunha da dança, e sem se referir também em seu depoimento a qualquer canto ligado a ela:

"À época de minha chegada [maio de 1777] Lisboa vivia uma agitação indescritível; era véspera da solenidade de coroação da rainha D. Maria I [mãe do Príncipe D. João, depois D. João VI no Brasil]. O povo corria de um lado para o outro cantando, e dançando a fofa, dança nacional executada dois a dois ao som de uma *guitare* [na verdade, uma viola, ainda uma vez] ou outro instrumento qualquer; dança tão lasciva, que enrubeço só de tê-la presenciado, e nem ouso tentar descrevê-la".[36]

Informação esta que o observador viajante francês ainda reforçaria páginas adiante, ao registrar:

---

[35] Dumouriez, *État présent du Royaume de Portugal en l'année MDCCLXVI*, A Lausanne, Chez François Graset & Cie., 1775. Tradução do autor.

[36] Duc du Châtelet, *Voyage du Duc du Châtelet, en Portugal*, 2ª ed., A Paris, Chez F. Buisson, Imp.-Lib. an IX (1801), v. 1, pp. 3-4. Tradução do autor.

"As canções dos portugueses são muito livres [*très-licencieuses*] e acompanhadas à viola [denominada novamente de *guitare*] tocada com graça: a música é alegre, viva e não deixa de ter seu encanto; mas o que surpreende a todos os estrangeiros chegados a Portugal é essa dança nacional a qual já me referi, e que chamam de *foffa* [sic]: é dançada não apenas nas ruas e no campo, mas também no teatro, onde a executam com a mesma lubricidade de qualquer lugar; e tais grosserias e excessos os portugueses os conciliam com seu pretenso sentimento religioso".[37]

O fato de ser considerada dança portuguesa — e mesmo publicações especializadas, como a *Enciclopédia da música brasileira escrita folclórica popular*, de 1977, incidem no erro — explica-se pelo desconhecimento da existência de um folheto sem data, mas seguramente de meados do século XVIII, cujo título eliminaria qualquer dúvida: *Relação da fofa que veyo agora do Bahia, e o fandango de Sevilha*... Nessa pequena publicação de cordel, editada em Lisboa quase certamente em 1752 (nas duas últimas páginas inclui uma "Lista das Igrejas que Sua Magestade foy servido prover no bispado da Guarda em quarta-feira, 20 de setembro de 1752"), além da origem da dança constar do título, o texto começava afirmando constituir a fofa "som do Brasil propriedade para vodas e galhofas", o que vale dizer, música apropriada para ocasiões festivas, como os casamentos (vodas e bodas) e outras brincadeiras onde houvesse dança. Segundo a mesma *Relação* (palavra que ao tempo tinha sentido de relato jornalístico de um acontecimento), a fofa era música desabrida ("he som desatinado"), própria para antros de jogatina ("he som de casa da Fortuna") ou outros semelhantes do submundo urbano

---

[37] Duc du Châtelet, *op. cit.*, p. 78.

("he som de porhialem"), mas, de qualquer modo — "e para o decifrar melhor", ou seja, para ficar bem entendido —, constituía uma moderna criação dirigida às classes baixas das grandes cidades: "he o som do marujo, do galego, do moço de servir, da inquietação da balbúrdia, dos barulhos, e das traficançias".[38] Assim, levada da Bahia talvez por algum daqueles marujos amantes "da inquietação e da balbúrdia", a fofa — tal como no Brasil, cultivada em Portugal por escravos negros e gente branca das baixas camadas — poderia passar logo ao teatro popular dos entremezes de Lisboa, onde estava destinada a aparecer no palco, dançada inclusive por pares formados dentro da mais absoluta coerência com o espírito democrático racial que a criara. É o que testemunharia, em 1774, o inglês Dalrymple:

"A *fofa*, particular deste país assim como o *fadango* da Espanha, era exibida na farsa por um preto e uma mulher; foi a coisa mais indecente que já vi, e embora parecesse cena de bordel, não parecia incomodar a ninguém; pelo contrário, as mulheres não demonstravam qualquer perturbação, e os homens aplaudiam a apresentação".[39]

Após essa consagração como dança da moda, divulgada pelo teatro, nada mais natural que a fofa viesse a conquistar outras camadas sociais além do povo, como já indicava, pelos meados

---

[38] *Relação da fofa que veyo agora da Bahia, e o fandango de Sevilha, applaudido pelo melhor som, que ha para diver-tir malancolias e o cuco do amor vindo do Brasil por folar, para quem quizer comer. Tudo decifrado, na Academia dos Estremozos, por C.M.M.B., Catalumna: en la Imprenta de Francisco Guevaiz.* Único exemplar conhecido, pertencente ao acervo da Seção da Música da Biblioteca Nacional do Rio de Janeiro.

[39] Major William Dalrymple, *Travels through Spain and Portugal in 1774, with a short account of the Spanish Expedition against Algiers in 1775*, Londres, 1777. Tradução do autor.

dos setecentos, o folheto intitulado *Relaçam curiosa de varias cantiguas em despedidas, da Corte para o dezerto*:

> "Depois que veyo esta moda
> Das fofas repinicadas
> Delas sahirão as sécias
> Feridas, e bem arranhadas.
>
> Ay lê quem he
> He hum tratante da moda
> Que a fofa dança de pé."[40]

No Brasil, como ao escrever, em Pernambuco, sobre o Colégio de Olinda, o padre Bento de Cepeda revelava, em 1761, na sua *Relação sobre o deplorável estado a que chegou a Companhia de Jesus nesta província do Brasil*, que a dança parece sempre ter ficado circunscrita às camadas mais baixas, pois segundo comentavam os cônegos da Catedral — é o autor da *Relação* quem informa — um padre Manuel Franco "dançava a fofa (que é dança desonesta) com mulheres de má reputação".[41]

A partir da segunda metade do século XVIII, porém, ao mesmo tempo que se firma como dança popular em Portugal, a fofa — que talvez nunca tivesse chegado a expandir-se no Brasil — começa a perder terreno para o lundu que, além do atrativo coreográfico da umbigada, acrescentava a peculiaridade de manter viva a característica herdada dos batuques africanos: os cantos de improviso em resposta aos estribilhos fixos.

---

[40] *Relaçam curiosa de varias cantiguas em despedidas, da Corte para o dezerto*, folheto de cordel de oito páginas, na medida clássica de 21 x 15 cm, sem indicação de oficina editora e data, mas, pelas características gráficas, certamente de meados dos 1700. Coleção do autor.

[41] O conhecimento do documento do padre Bento de Cepeda deve-se ao estudioso pernambucano Pereira da Costa, que o cita em seu "Folclore pernambucano" (*op. cit.*, p. 221), sem fornecer, contudo, maiores informações sobre sua origem ou localização.

Uma descrição magnífica dessa "dança inspirada dos negros brasileiros" seria registrada em 1803, na Bahia, pelo comerciante contrabandista inglês Thomas Lindley, sem citar-lhe o nome, mas não deixando dúvida tratar-se não mais da fofa, e sim do lundu, revelado no "coro improvisado", acompanhado de palmas. É verdade que o autor da descrição não cita expressamente a umbigada, mas "o contato de modo estranhamento imodesto" a que vê entregarem-se os pares de dançarinos seria por certo o seu equivalente. Gesto mais delicado que se explicaria por tratar-se de dança em casa de brancos da alta camada social:

> "Durante e após o repasto, bebem excepcional quantidade de vinho; e quando tudo se eleva a um 'tom' fora do comum, entram em cena o violão [devia ser viola] e o violino, e começa a cantoria, que logo cede passo à atraente dança dos negros. Emprego esse termo como o que mais se coaduna ao divertimento em questão, misto de dança da África e fandango da Espanha e Portugal. Consiste em bailarem os pares ao dedilhar insípido do instrumento, sempre no mesmo ritmo, quase sem moverem as pernas, com toda a ondulação licenciosa dos corpos, em contato de modo estranhamento imodesto. Os expectadores colaboram com a música em um coro improvisado, e batem palmas, apreciando o espetáculo com indescritível entusiasmo. As orgias das bailarinas da Índia jamais igualaram o espalhafatoso desse divertimento".[42]

O pormenor de bailarem os pares "quase sem moverem as pernas, com toda a ondulação licenciosa dos corpos" é uma cla-

---

[42] Thomas Lindley, *Narrativa de uma viagem ao Brasil*, tradução de Thomaz Newlands Neto, São Paulo, Cia. Editora Nacional, 1969, pp. 179-80 (Série Brasiliana, 343).

ra referência ao miudinho, que passaria mais tarde aos sambas de roda, onde os dançarinos (homens e mulheres) aproximavam-se de frente um para o outro, tremelicando o corpo apenas da cintura para baixo, para culminar no tal contato "imodesto", ante os aplausos e gritos de estímulo dos presentes. Era esse aproximar dos ventres que permitia a aplicação quase imperceptível da umbigada, traduzida na espécie de choque elétrico simulado, ao contato dos corpos, e que levava os dançarinos a pularem para trás, em salto simultâneo.

Aliás, tal como outros testemunhos de inícios do século XIX permitem concluir, a paganização definitiva dos antigos batuques africanos, afinal transformados desde fins do século XVIII em simples diversão de escravos, crioulos, mulatos e gente das baixas camadas, não apenas permitiu o aproveitamento de um de seus momentos coreográficos, sob o nome de *lundu*, mas acabou conferindo ao próprio batuque o nome de *samba*, quando o elemento angolano da umbigada veio neles prevalecer.

Nesse sentido, é curioso comparar a descrição da "dança inspirada dos negros" a que Thomas Lindley assistiu, executada por brancos em casa de gente bem situada na Bahia, em 1803, com a de uma roda de negros quase contemporaneamente vista pelo comerciante inglês Henry Koster em Pernambuco, em 1813: em ambas não há menção especial ao gesto da umbigada, mas às "atitudes lascivas" e ao fato de a mulher avançar para o homem "repetindo os meneios não menos indecentes":

> "Os negros livres também dançavam, mas se limitavam a pedir licença e sua festa decorria diante de uma de suas choupanas. O círculo se fechava, e o tocador de viola sentava-se num dos cantos, e começava uma simples toada, acompanhada por algumas canções favoritas, repetindo o refrão, e frequentemente um dos versos era improvisado e continha alusões obscenas. Um homem ia para o centro da roda e dançava minutos, tomando atitudes lascivas, até que escolhia

uma mulher, que avançava, repetindo os meneios não menos indecentes, e esse divertimento durava até o amanhecer. Os escravos igualmente pediam permissão para as suas danças".[43]

Desde logo, essa referência final ao fato de haver dualidade de permissões para a formação de rodas de negros crioulos livres (mais próximos da cultura dos brancos, como mostra o uso da viola, que dava ênfase à parte cantada) e de negros escravos permite concluir que, pelos começos do século XIX, a maior diversificação social começava a refletir-se no plano cultural, através de uma nacionalização e branquização das danças introduzidas pelos africanos. Assim, os batuques já se dividiam em três diferentes tipos, conforme a posição de seus integrantes na estrutura sócio-econômica: os africanos e seus descendentes ainda sujeitos à condição de escravos dançariam nos terreiros das senzalas, ao som de cantos de suas terras e música de percussão; os "negros livres" (na maioria crioulos e, por certo, muitos pardos) formariam suas rodas "diante de uma de suas choupanas", juntando à percussão as cordas de uma viola, indicadora do relevo dado ao canto; e, finalmente, os brancos da classe média imitariam os dois em suas salas, não apenas abrandando a força da percussão em favor do desenvolvimento da parte cantada, mas casando o "pitoresco" da umbigada e do miudinho com a coreografia ibérica do fandango, no que chamavam *lundu*.

No âmbito das famílias da incipiente classe média dos inícios do século XIX, o modelo dessa dança "inspirada dos negros" era fornecido, às vezes, não pela participação direta nos batuques dos crioulos e mestiços, mas por sugestão de números de teatro, representados à época pelos espetáculos de entremezes, que fun-

---

[43] Henry Koster, *Viagens ao norte do Brasil* [*Travels in Brazil*], tradução de Luís do Câmara Cascudo, São Paulo, Cia. Editora Nacional, 1942, p. 316 (Série Brasiliana, 221).

cionavam como pequenos números cômico-musicais, amenizando as longas representações. Essa tradição dos entremezes veiculadores de novidades na área das danças populares vinha da segunda metade do século XVIII, em Portugal,[44] e em 1816 ganharia na Bahia o testemunho do comerciante de algodão francês L. F. de Tollenare, impressionado exatamente com o lundu que viu dançar:

> "Os verdadeiros entremezes são de assuntos familiares; uns constam dos amores grotescos de um velho negro ciumento e de uma velha negra faceira; de um inglês ébrio estropeando o português, de marinheiros portugueses que travam brigas e sacam punhais ou facas, de cenas de criados poltrões, de portadores espancados ou vilipendiados, etc. etc. O mais interessante a que assisti foi o de um velho taverneiro avarento e apaixonado por uma jovem vendilhona. O velho está sempre a vacilar entre o seu amor e o seu cofre. A rapariga emprega todos os recursos da faceirice para conservá-lo preso nos seus laços. O mais eficaz consiste em dançar diante dele o lundu. Esta dança, a mais cínica que se possa imaginar, não é nada mais nem menos do que a representação a mais crua do ato do amor carnal. A dançarina excita o seu cavaleiro com os movimentos os menos equívocos; este responde-lhe da mesma maneira; a bela se entrega à paixão lúbrica; o demônio da volúpia dela se apodera; os tremores precipitados das suas cadeiras indicam o ardor do fogo que a abrasa; o seu delírio torna-se convulsivo, a crise do amor parece operar-se, e ela cai desfalecida nos braços

---

[44] Amplo levantamento em torno de participação dos negros e de suas danças no teatro popular português é fornecido pelo autor em seu livro *Os negros em Portugal: uma presença silenciosa*, já citado.

do seu par, fingindo ocultar com um lenço o rubor da vergonha e do prazer".[45]

Ao francês Tollenare, porém, não escapa, nesse ponto, uma observação de grande importância para o estabelecimento da real área de alcance das danças de herança africano-crioula no Brasil: apesar de toda a estilização a que os brancos submetiam o modelo negro original, os componentes da pequena elite colonial (e depois imperial) jamais chegaram a admitir o lundu em seus salões. E, de fato, após lembrar que o delíquio final da dançarina "é o sinal para os aplausos de todas as partes", e que tal espetáculo, normalmente só visto "em um alcouce, é repetido até três vezes perante o público de uma grande cidade civilizada", acrescenta haver "senhoras nos camarotes e estas não coram", mas para logo concluir: "Devo, entretanto, dizer que as senhoras da primeira sociedade não vão ao teatro. Creio que uma das principais causas disto é a exibição do lundu".[46]

E isso apesar de, como o próprio autor da informação reconhecia, o lundu dançado por profissionais já se apresentar "aformoseado pela arte", o que valia dizer, estilizado o bastante para ser aceito pelos brancos:

---

[45] L. F. de Tollenare, *Notas dominicais tomadas durante uma viagem em Portugal e no Brasil em 1816, 1817 e 1818*, Salvador, Progresso, 1956, pp. 289-90.

[46] L. F. de Tollenare, *op. cit.*, p. 290. Anteriormente, em junho daquele mesmo ano de 1817, Tollenare já observara em Pernambuco: "As senhoras da boa sociedade não assistem elas às peças levadas no teatro do Recife, e com razão, porque ali se se executão danças de uma lubricidade desenfreada. Contei apenas seis ou sete mulheres mestiças nos camarotes" (p. 244). A mesma observação quanto a restrições da gente das elites locais às danças de origem negra adotadas pelos brancos das classes baixa e média foi feita em 1819, no Pará, pelo naturalista Von Martius, que registrou, à página 22 do terceiro volume de sua *Viagem pelo Brasil* (Rio de Janeiro, Imprensa Nacional, 1938): "Na alta sociedade, porém, prefere-se o jogo à dança, a qual é aqui esgotante exercício físico".

"O lundu parece-se bastante com a dança dos negros; mas, aformoseado pela arte, está para esta como as figuras de Aretino pintadas por Aníbal Carrache estão para as grosseiras brejeirices do corpo da guarda".[47]

Ia ser esse distanciamento preconceituoso da gente das altas camadas, no Brasil e em Portugal, que iria explicar a sensação de escândalo causada pela introdução, em Lisboa da segunda metade do século XVIII, pelo poeta carioca tocador de viola Domingos Caldas Barbosa, da novidade da canção supostamente negro-popular chamada de *lundu*.

Até a década de 1980, duzentos anos passados do período de maior influência desse poeta na corte de D. Maria I, não se sabia exatamente como teriam soado aos ouvidos dos portugueses as famosas modinhas e lundus lançados como novidade pelo mulato brasileiro tocador de viola de cordas de arame, instrumento preferido dos brancos e mestiços do povo, tanto em Portugal quanto no Brasil dos setecentos. A organização do catálogo de manuscritos musicais da Biblioteca da Ajuda, em Portugal (publicado em nove volumes, de 1958 a 1968), por sua diretora Mariana Amélia Machado Santos, no entanto, permitiu ao etnomusicólogo da Universidade de Illinois, Gerard Béhague, descobrir ainda em 1968, registrada sob o número 1.596, uma coleção de trinta modinhas, cantigas e lundus devidamente anotados por alguém que, em fins do século XVIII, intitulou seu pequeno caderno de *Modinhas do Brazil*. Então — e apesar de as canções estarem escritas para dois sopranos, e sem indicação do instrumento acompanhante — certas características das composições e particularidades de alguns versos permitiram ao estudioso concluir que a maioria das músicas seriam de Domingos Caldas Barbosa. Alertado pela descoberta (comunicada, aliás, por Gerard Béhague em artigo no *Yearbook* do Inter-American Institute for

---

[47] L. F. de Tollenare, *op. cit.*, p. 290.

Musical Research, de 1968), o professor José Maria Neves, da Universidade do Rio de Janeiro, promoveu em 1984 a gravação de onze das composições do caderno *Modinhas do Brazil* com acompanhamento de cravo e violão e, então, finalmente, pôde-se comprovar o caráter realmente popular das modinhas, cantigas e — principalmente — dos lundus oitocentistas de Domingos Caldas Barbosa.[48]

Em verdade, o que se ouve no acompanhamento dos lundus declaradamente de Caldas Barbosa na coleção de *Modinhas do Brazil* — "Eu nasci sem coração" e "A saudade que no peito" —, e em alguns quase certamente também de sua autoria, como "Os me deixas que tu dás" e, principalmente, "A saudade que no peito", é o mesmo sincopado que um século mais tarde continuaria a ser usado pelos palhaços de circo cantores e tocadores de violão especialistas em lundus, como Eduardo das Neves, Campos e Mário Pinheiro, que foram dos primeiros a gravar tal tipo de música em discos. Em seu exame das músicas de lundu escritas no caderno *Modinhas do Brazil*, o professor José Maria Neves ressalta que "cada vez que há anotação essencialmente rítmica no acompanhamento, com ausência de arpejos, aparece cifragem", pormenor esse que, ao lado de outros reforços explicativos, como os que mandam tocar "razgado" ou "pela Bahia" (isto é, no estilo regionalmente usado pelos baianos), garante para as versões guardadas na Biblioteca da Ajuda o privilégio de primeiro registro escrito do ritmo popular branco-mestiço derivado da percussão dos batuques crioulo-africanos do Brasil do século XVIII.[49]

---

[48] A gravação, realizada nos dias 20, 21 e 22 de novembro de 1984, na Sala Vera Janacopulos da UNI-Rio, com as sopranos Viviane Frias e Sandra Lobato, acompanhadas por Rosane Almeida, no cravo, e Nicolas de Souza Barros, ao violão, sob a direção do professor José Maria Neves, saiu no LP intitulado *Modinhas do Brazil*, sob chancela da Universidade e da firma Projeto Arquitetura e Construção, com distribuição particular.

[49] O achado do caderno de modinhas, cantigas e lundus intitulado *Modinhas do Brazil*, recolhido ao acervo da seção de manuscritos de músi-

O curioso é que exatamente um desses lundus registrados como modinha nos manuscritos da Biblioteca da Ajuda — o de número 16 no caderno *Modinhas do Brazil*, intitulado "A saudade que no peito" — termina com dois versos onde, em meio a

ca da Biblioteca da Ajuda, de Lisboa, permite, finalmente, demonstrar o erro de interpretação do polígrafo Mário de Andrade em seu estudo *Modinhas imperiais*, quando, após afirmar que "A proveniência erudita europeia das Modinhas é incontestável", e acrescentar: "Que eu saiba, só no séc. XIX a Modinha é referida na boca do povo do Brasil", perguntava: "Ora dar-se-á o caso absolutamente raríssimo duma forma erudita haver passado a popular?", ao que concluía: "Pois com a Modinha parece que o fenômeno se deu". O competente Mário de Andrade foi induzido ao erro por confiar apenas no exame de partituras impressas, escritas por músicos de escola, quase sempre para piano, em que as peculiaridades da forma popular eram "corrigidas". O mesmo desvio levou Mário de Andrade a definir o maxixe como resultado da "fusão da habanera pela rítmica, e da polca, pela andadura, com adaptação da síncopa africana" (conferência sobre Ernesto Nazareno Nazaré publicada em *Música, doce música*, São Paulo, Martins, 1963, p. 125). Conforme observa em seu exame das peças do caderno *Modinhas brasileiras* o professor Gerard Béhague, o ritmo do maxixe já aparecia antecipado no lundu "A saudade que no peito" (aliás designado pelo anotador português das músicas como "modinha"), notadamente na parte do estribilho correspondente aos versos: "Se Sinhá quer me dar/ eu lá vou p^a apanhar/ vem ferir, vem matar/ teu nigrinho aqui está". A dúvida sobre a hipótese da origem erudita da modinha foi levantada pelo autor deste livro ao apreciar, em 1969, a figura de Domingos Caldas Barbosa no livro *O samba agora vai... A farsa da música popular no exterior* e no capítulo "A modinha" do livro *Pequena história da música popular (da modinha à canção de protesto)*, de 1972, onde escreveu: "Desde que Mário de Andrade escreveu em 1930 no prefácio de sua coleta *Modinhas imperiais* que 'a proveniência erudita europeia das Modinhas é incontestável', essa conclusão passou a ser aceita sem qualquer exame. Basta, porém, que se conheça um pouco da vida de Domingos Caldas Barbosa — cujo nome se liga documentadamente ao aparecimento da modinha em Portugal — para que se revele a improbabilidade de tal afirmação". As músicas anotadas pelo anônimo do século XVIII no caderno *Modinhas do Brazil* comprovam, agora, que o autor estava certo: modinha e lundu eram criações populares da gente branca e mestiça dos principais centros urbanos do Brasil, e só após o sucesso de sua divulgação em Portuum balanço típico do futuro maxixe, aparece implícita a primeira referência conhecida a uma dança que, ao lado da fofa e do próprio lundu, constituiria a terceira mais conhecida estilização branco-mestiça derivada dos batuques: o fado. É quando, após os versos: "Se Sinhá quer me dar/ eu lá vou p^a apanhar/ vem ferir vem matar/ teu nigrinho aqui está", o personagem negro da letra se derreava maliciosamente na gostosa perspectiva: "mas depois de apanhar/ quer fadar com Iaiá...".

Eliminada a possibilidade mais grosseira de sentido do desejo expresso pelo negrinho em relação à moça branca nesse verso "quer fadar com Iaiá", a conclusão é a de que, depois de submeter-se com submissão masoquista ao império da jovem senhora, o apaixonado esperava poder dançar o fado com ela.

Ora, desde 1817, ou seja, pouco mais de vinte anos após o registro desse lundu "A saudade que no peito", em Portugal, haveria notícia da existência, no Brasil, de uma suíte de danças de terreiro, de coreografia semelhante à do fandango e do lundu, conhecida às vezes no plural, *os fados*, outras vezes no singular, *o fado*. E a forma pela qual essa dança iria dar origem à canção portuguesa que herdaria seu nome de fado, ao ser transplantada do Brasil para Portugal, seria muito elucidativa do processo pelo qual também a dança do lundu acabou gerando as cantigas brasileiras do lundu.

Excetuada a referência indireta descoberta no verso final do lundu oitocentista "A saudade que no peito", talvez de autoria de Domingos Caldas Barbosa, a mais recuada notícia que se conhece da dança do fado é a do viajante francês Louis Claude Desaulces de Freycinet (1779-1842), que em sua viagem ao redor do mundo esteve por duas vezes no Rio de Janeiro: a primeira de inícios de dezembro de 1817 a janeiro de 1818, e a segunda de julho

---

gal por Domingos Caldas Barbosa foram eruditizadas, passando quase a se confundirem com árias de óperas, para voltarem à esfera do povo com a voga das serenatas, por volta da segunda metade do século XIX, no Brasil.

até setembro de 1820. Em livro de 1825, contando o que vira na corte de D. João VI em matéria de diversões, escrevia Freycinet:

"As classes menos cultas preferem quase sempre as lascivas danças nacionais, muito parecidas com as dos negros da África. Cinco ou seis delas são bem caracterizadas; o *lundum* é a mais indecente; e em seguida o *caranguejo* e *los fados* [sic] em número de cinco: estas se dançam com a participação de quatro, seis, oito e até dezesseis pessoas; às vezes são entremeadas de cantos improvisados; apresentam variadas figurações, mas todas muito lascivas. São vistas, porém, mais comumente no campo do que na cidade. As raparigas solteiras raramente participam delas, e quando dançadas aos pares, é a dama quem tira o cavalheiro".[50]

O fato de Freycinet ter usado o plural ao pretender grafar o nome da dança tal qual o ouvira (embora acabasse misturando português e espanhol com seu "los fados"), antes de ser considerado equívoco do viajante, talvez constitua, na verdade, a chave para a compreensão de como um tipo de dança surgido no Brasil viria a transformar-se em gênero de canção solista em Portugal.

De fato, ao afirmar que os fados eram "em número de cinco", acrescentando logo serem dançados — além de pelo par usual de dançarinos — por "quatro, seis, oito e até dezesseis pessoas", Freycinet estava querendo dizer que, tal como acontecia no fandango espanhol, o que se chamava de *fado* no Rio de Janeiro constituía, na verdade, uma série de momentos ou marcas coreográficas dentro de uma mesma dança. E diferenciados uns dos outros não apenas por possíveis mudanças no ritmo básico do acompa-

---

[50] Louis Claude Desaulces de Freycinet, *Voyage autour du monde... pendant les années 1817, 1818, 1819 et 1820*, Paris, Chez Pillet Aîné, Imprimeur-Libraire, 1825, v. 1.

nhamento, mas pela interpolação, em alguns momentos, de cantos em coro ou até mesmo de improvisos isolados.

A julgar pela descrição das danças do lundu e do fado feitas por viajantes estrangeiros (que incluem, além das antes citadas para o caso do lundu, as referentes ao fado, feitas, além de por Freycinet, pelo poeta português Felisberto Inácio Januário Cordeiro, o Falmeno, em 1819, e pelos alemães Schlichthorst, em 1824-1826, e Avé-Lallemant, em 1859, os primeiros no Rio de Janeiro, o último no interior da Bahia), os pontos coincidentes entre as duas danças são tantos que quase se poderia pensar no fado como um segundo nome para o mesmo lundu. E tudo a tomar por semelhante o acontecido com o próprio lundu quando, ao penetrar pelo interior da Bahia, seguindo o rio São Francisco na direção norte, lá chegou com o nome inicial de *baiano*, transformado em *baiana* no Ceará, na segunda metade do século XIX.

A semelhança entre as duas danças ficaria atestada, aliás, não apenas pelas coincidências nas descrições de seus movimentos, mas pela própria identificação de ambas em pelo menos um dos depoimentos: o do alemão Robert Avé-Lallemant que, ao lembrar uma festa de adro de igreja com leilão de prendas realizada em 1859, em Cachoeira, à beira do rio Paraguaçu, afirmou que "entre um pregão e outro uma música estridente tocava trechos de fados ou lundus, essa desordenada tarantela de negros, na qual cada um faz os trejeitos e movimentos mais despudorados possíveis".[51]

Assim, o que viria a determinar as diferenças entre uma e outra dança seria talvez o desenvolvimento de sua parte cantada, cuja herança comum dos batuques poderia ser avaliada pela descrição de uma dessas sessões de canto e dança a que assistira, em 1828, o reverendo Walsh, em Minas Gerais:

---

[51] Robert Avé-Lallemant, *Viagem pelo norte do Brasil no ano de 1859*, Rio de Janeiro, Instituto Nacional do Livro, 1959, v. 1, p. 59.

"É geralmente dançado [o batuque] por dois ou mais pares, que se defrontam. Duas violas estrídulas, de cordas de arame, começam um zum-zum, zum-zum, e F. (homem selvagem, parecendo cigano, belo e gracioso como Adonis, com olhos de gazela, mas com o fogo de um gato selvagem, grande dançarino e grande patife) avança, e comanda os dançarinos, dois homens e duas mulheres; zum-zum-zum; três ou quatro vezes de repente começam improvisado canto, alto, bárbaro rápido, com alusões ao patrão e seus méritos, acidentes do trabalho diário, misturados ao amor de ideais Marias; os outros homens juntam-se em côro. Com os cantos rítmicos, acompanhados de palmas e sapateado, a dança começa. A princípio lenta, depois aos poucos se acelera, os dançarinos avançam e recuam, as mulheres sacudindo o corpo e agitando os braços, os homens batendo o compasso com as mãos. E a música se retarda e se acelera; cantos e sapateado tornando-se rápidos e furiosos, e há muita ação pantomímica entre os pares".[52]

A cena descrita referia-se, ao que tudo indica, a uma roda de lundu ou fado da área rural, onde por aquelas primeiras décadas dos oitocentos as danças originadas dos batuques de negros ainda se mostravam muito próximas da forma original, mas, nas cidades, àquele "improvisado canto" já se começaria a juntar versos de intenção poética ou amorosa, geralmente em quadras, que passavam a funcionar dentro da suíte de danças quase como as árias em certos momentos das óperas.

Era isso, pelo menos, o que parecia mostrar, em 1852, o escritor Manuel Antônio de Almeida em capítulo do seu romance

---

[52] Robert Walsh, *Notices of Brazil in 1828 and 1829*, Londres, Frederic Westley, and A. H. Davis Stationers, Hall Court, 1830, v. 1.

Memórias de um sargento de milícias, ambientado no Rio de Janeiro do período joanino, entre 1817 e 1821. Nesse capítulo, intitulado "Primeira noite fora de casa", em que o romancista conduz seu personagem, ainda menino, à primeira escapada fora do controle familiar, ficaria documentada a mais perfeita descrição da dança do fado até hoje proporcionada por um contemporâneo. E é por essa descrição que se pode compreender como em meio às danças dos fados poderia surgir, pela interpolação de cantigas de "pensamento poético", o tipo de canção depois chamada de fado:

> "Os meninos entraram sem que alguém reparasse neles, e foram colocar-se junto do oratório.
> Daí a pouco começou o fado.
> Todos sabem o que é o fado, essa dança tão voluptuosa, tão variada, que parece filha do mais apurado estudo da arte. Uma simples viola serve melhor do que instrumento algum para o efeito.
> O fado tem diversas formas, cada qual mais original. Ora uma só pessoa, homem ou mulher, dança no meio da casa por algum tempo, fazendo passos os mais dificultosos, tomando as mais airosas posições, acompanhando tudo isso com estalos que dá com os dedos, e vai depois pouco e pouco aproximando-se de qualquer que lhe agrada; faz-lhe adiante algumas negaças e viravoltas, e finalmente bate palmas, o que quer dizer que a escolheu para substituir seu lugar.
> Assim corre a roda até que todos tenham dançado".[53]

---

[53] Manuel Antônio de Almeida, *Memórias de um sargento de milícias*, Rio de Janeiro, Imprensa Nacional, 1944, p. 39. "Primeira noite fora de casa" é o capítulo V do romance e saiu juntamente com o capítulo IV (intitulado "Leonardo toma fortuna"), no rodapé do suplemento "A Pacotilha", do jornal *Correio Mercantil*, do Rio de Janeiro, de 18 de julho de

Após essa primeira visão da dança já urbanizada (note-se a expressão "no meio da casa") e depurada de suas figuras mais primitivas (palmas em lugar da umbigada para tirar o substituto para a roda), continuava Manuel Antônio de Almeida mostrando como ao fado se incorporavam realmente elementos do lundu (o desafio amoroso entre o casal de dançarinos) e do fandango (claramente revelado no "sapateio às vezes estrondoso"):

"Outras vezes um homem e uma mulher dançam juntos; seguindo com maior certeza o compasso da música, ora acompanham-se a passos lentos, ora apressados, depois repelem-se, depois juntam-se; o homem as vezes busca a mulher com passos ligeiros, enquanto ela, fazendo um pequeno movimento com o corpo e com os braços, recua vagarosamente; outras vezes é ela quem procura o homem, que recua por seu turno, até que enfim acompanham-se de novo.

Há também a roda em que dançam muitas pessoas, interrompendo certos compassos com palmas e com um sapateado às vezes estrondoso e prolongado, às vezes mais brando e mais breve, porém sempre igual e a um só tempo".[54]

A parte mais elucidativa para a compreensão de como uma ária incorporada à dança pode fazer um gênero de canção à parte — o que parece ter acontecido com o fado português, assim como anteriormente acontecera com as cantigas do lundu — surge na descrição de Manuel Antônio de Almeida quando o romancista ressalta, confirmando o acerto do emprego do plural *los fados* pelo francês Freycinet:

1852. A primeira edição do romance em livro saiu sob a assinatura "Um brasileiro"; o primeiro volume é de 1854, o segundo de 1855.

[54] Manuel Antônio de Almeida, *op. cit.*, p. 40.

"Além desta há ainda outras formas [de coreografia da dança] de que não falamos. A música é diferente para cada uma, porém sempre tocada à viola. Muitas vezes o tocador canta em certos compassos uma cantiga às vezes de pensamento verdadeiramente poético".[55]

Assim, terão sido esses curtos interlúdios cantados, "de pensamento verdadeiramente poético", que levaram o viajante inglês John Luccock a referir-se as canções ouvidas no Rio de Janeiro exatamente ao tempo do rei (Luccock viveu no Brasil de 1808 a 1818) como caracterizadas pelos "tons macios e plangentes".

Não há dúvida de que esse devia ser o clima sonoro dos fados, pois, ao explicar seu desenho intitulado "Interior de uma residência de ciganos", incluído em seu livro *Viagem pitoresca e histórica através do Brasil*, assim descreveria esses momentos nostálgicos, em meio à alegria furiosa das danças negro-mestiças brasileiras, o pintor francês Jean Baptiste Debret, residente no Rio de Janeiro em 1811, quando fado era dança inclusive de ciganos:

"O progresso da bebedeira entre os assistentes aumenta-lhes a ternura e os leva a relembrarem os favores prestados uns aos outros, e a se agradecerem com lágrimas nos olhos: à cena teatral sucedem, repentinamente, cantos entrecortados de clamores, de alegria, como prelúdio a suas danças lascivas. O canto é monótono e desafinado; preferem o ritmo lento do côro dos convivas. Ouvido inicialmente sob o mais respeitoso silêncio, é logo aplaudido com furor. A dança é um sapateado à moda inglesa. O dançarino acompanha-se a si mesmo, imitando com os dedos as cas-

---

[55] Manuel Antônio de Almeida, *op. cit.*, p. 40.

tanholas, e os espectadores reforçam o acompanhamento com palmas".[56]

A partir da descrição anterior de Manuel Antônio de Almeida, aliás, pode-se concluir que — tal como aconteceria mais tarde com a palavra *samba* — o termo *fado* serviu não apenas para denominar a dança em si, mas a própria festa ou função músico-coreográfica ("Quando o fado começa custa a acabar, termina sempre pela madrugada, quando não leva de enfiada dias e noites seguidas e inteiras") e, ainda, a composição em versos encaixada como ária à parte, em meio à dança. E isso talvez explique o próprio nome estendido em certo momento a essa variedade do lundu, pois em 1878, com a 7ª edição do dicionário de Moraes, a palavra *fado* aparece definida como "poema do vulgo", e sua música como "música popular, com ritmo e movimento particular, que se toca na guitarra e tem por letra os poemas chamados *fados*".

A hipótese dessa origem da atribuição da palavra *fado* para distinguir a nova modalidade de lundu pela ênfase atribuída, nessa variante, à sua parte cantada, encontra apoio em impressões de viajantes como o alemão Josef Friedrich Von Weech, que assim definia a dança do fado no Rio de Janeiro, em 1827: "Quando dançado por várias pessoas ao mesmo tempo o Fado [sic] parece indicar dança imitada dos africanos, em que os dançarinos cantam".[57]

E mais: o português Felisberto Inácio Januário Cordeiro, que residia no Brasil desde 1811 e costumava publicar versos sob

---

[56] Jean Baptiste Debret, *Viagem pitoresca e histórica através do Brasil*, São Paulo, Martins, 1940, t. 1, v. 2, p. 193. Descrição da prancha 24, "Interior de uma residência de ciganos".

[57] Josef Friedrich Von Weech, *Reise über England und Portugal nach Brasilien und den Vereinigten Staaten des Las=Plata=Stromes Während 1823 bis 1827*, Munique, 1831, pp. 23-4. Tradução do autor.

o nome de Falmeno, ao registrar em 1827, no tomo primeiro de suas *Obras poéticas de Falmeno*, que: "Em espaçoso terreiro/ Gentes vi bailar mui bem/ Mimoso Fado e tambem/ Engraçado Tacorá/ As belas noites de lua/ Quanto é lindo Paquetá", acrescentaria em outro "improviso", empregando, aliás, um significativo plural: "Celebro os bailes do Fado", o que levava a explicar, em nota de pé de página:

"Fado, Tacorá, bem como Tombador, Carangueijinho, S. Paulo, Candieiro, Vai de Bode e Tirana são outros nomes de bailes brasílicos que correspondem aos que em Portugal se denominam *Lundum, Fandango, Fôfa, Xula*, etc.".[58]

Na comparação do fado com os gêneros de danças que conhecera em Portugal desde fins do século XVIII (Falmeno chegara ao Rio em 1811, com 37 anos), o poeta citava, como se vê, primeiramente o lundu, o que levaria Manuel de Sousa Pinto a observar em seu artigo "O lundum avô do fado", comentando essa nota explicativa: "O fato de ao Fado corresponder, na nota transcrita, o Lundum, citados ambos em primeiro lugar, parece indicar que eram a mesma coisa".[59]

A verdade é que, levadas para Portugal, como acontecera, em meados do século XVIII, com a fofa e o lundu, as danças do fado — acrescidas da contribuição melódica-sentimental das cantigas de "pensamento verdadeiramente poético" citadas por Ma-

---

[58] Felisberto Inácio Januário Cordeiro, o Falmeno, *Obras poéticas de Falmeno, um dos redactores do Jornal Scientifico, Economico e Literario...*, Rio de Janeiro, Na Typographia Imperial e Nacional, 1827. Na Biblioteca Nacional do Rio de Janeiro, onde a obra consta sob a indicação de catálogo BN-B-861.1C794.40, falta o tomo I e o segundo está incompleto.

[59] Manuel de Sousa Pinto, "O lundum avô do fado", *Revista Ilustração*, Lisboa, 6 (141), nov. 1931.

nuel Antônio de Almeida — iam percorrer caminho próprio entre as camadas baixas de Lisboa, onde os brancos as tomariam dos pretos e mestiços para transformar-lhes a parte cantada em canção urbana a partir da segunda metade do século XIX.[60] Isso foi conseguido pelos malandros lisboetas — chamados de *fadistas* — através da mudança da afinação fundamental da guitarra portuguesa de doze cordas para ré menor, que lhes permitia acompanhar melhor os improvisos (já conhecidos no fandango português como "cantos à desgarrada"), que logo evoluiriam para a glosa de quadras fixas, geralmente em décimas, desde logo conhecidas como fados.

Enquanto em Portugal o lundu, sempre cultivado mais como dança, iria sobreviver apenas como mera lembrança histórica, por sua variante chamada de *fados* estar na origem da canção branco-citadina lisboeta do fado, no Brasil ia ocorrer o inverso: ao passo que o fado, com suas "diversas formas", se apresentaria ultrapassado por volta de 1870 (o que claramente aparece em cena do romance de folhetim *A família Agulha*, de Luís Guimarães Júnior),[61] o lundu ganhava como dança as salas da classe média e os salões das classes mais altas, como canção equiparada às modinhas italianizadas. E, entre as camadas mais baixas,

---

[60] No livro *Os negros em Portugal: uma presença silenciosa*, já citado, o autor recompõe com todos os pormenores essa trajetória da dança do fado levada do Brasil. No capítulo "Os negros na origem do fado-canção em Lisboa" revela, por exemplo, ter havido rodas de fado que funcionavam, inclusive, como as rodas de pernada dos crioulos do Brasil: era o chamado "fado batido", clara referência à antiga umbigada africana e em que um dançarino "batia" (aplicava a pernada) e o outro "aparava" (procurava neutralizar o golpe do adversário para não cair).

[61] Em seu livro *A música popular no romance brasileiro* (em três volumes, São Paulo, Editora 34, 2000-2002), o autor examina em profundidade esse maravilhoso romance de costumes quase desconhecido, mas certamente só comparável em importância e pitoresco às *Memórias de um sargento de milícias*, de Manuel Antônio de Almeida.

ia continuar, de mistura com batuques e sambas, como dança na área rural (onde sobreviveria ao longo do século XX em vários pontos do Brasil), e como canção nas cidades, sob a forma de gênero humorístico, cultivado ao violão por palhaços de circo, que ainda chegariam a gravá-lo em discos.

3.
AS DANÇAS E CANTOS DO SAMBA HERDEIRO DOS BATUQUES DOS SÉCULOS XIX E XX

Ao lado dessas três danças (o lundu, a fofa e o fado), destinadas a uma espécie de ascensão social a partir de sua criação por brancos e mestiços das baixas camadas — o lundu chegando aos salões das elites sob a forma de canção (e ao teatro popular dos entremezes cantado e dançado), a fofa e o fado transformados, respectivamente, em dança e canção "nacionais" do povo português —, os batuques herdeiros das rodas de danças africanas originaram ainda uma série de danças que ficariam como expressões quase exclusivas de negros e mestiços do campo e das cidades no Brasil.

Essas danças, tal como pela primeira vez chamou a atenção Édison Carneiro no início da década de 1960, tinham como característica coreográfica comum o uso da umbigada (ostensivamente aplicada, ou apenas insinuada pela aproximação frontal dos corpos dos bailarinos, que batem palmas ou fazem uma vênia), e muito razoavelmente por isso as rodas de batuque identificadas por essa marca da semba africana passaram a ser chamadas de *sambas*.

É evidente que o gênero de música urbana cantada aparecido nas primeiras décadas do século XX com o nome de samba ainda estava longe de ganhar a estrutura com que viria a ser reconhecido, mas seus elementos básicos já integravam, por certo, as várias danças saídas desses batuques de samba: o ritmo em 2/4 da percussão que acompanhava os estribilhos fixos, de um ou dois versos, e os improvisos construídos sobre eles geralmente em quadras (ou até em décimas, como nos cocos da área da cana-de-açúcar, ou os baianos ou baianas do sertão cearense, por influência da cantoria nordestina).⁶²

Tal como sempre acontece no campo das pesquisas de cultura popular — onde as fontes impressas são poucas e, nelas, muito raros os dados sobre a vida do povo —, é difícil determinar, hoje, a partir de quando os batuques de crioulos seguidores da tradição africana começaram a ser chamados de sambas.

No verbete *samba* preparado em 1954 especialmente para seu *Dicionário do folclore brasileiro*, o professor Luís da Câmara Cascudo, citando o jornal humorístico *O Carapuceiro*, publicado de 1832 a 1842, em Pernambuco, pelo padre Lopes Gama, indicava referência a um "samba d'almocreves" no número de 3 de fevereiro de 1838. A citação do dicionarista era lacônica, mas a publicação em fac-símile da coleção do jornalzinho do padre Lopes Gama, em 1983, permitindo amplo acesso a essa riquíssima fonte de informações sobre a vida social nordestina no século XIX, daria a saber que por trás da citação havia muito mais. Segundo o satírico padre pernambucano afirmava no artigo intitulado "Os gostos extravagantes", escrito para contrariar o rifão de que "Os gostos são relativos", o problema é cultural, o que

---

⁶² Essa influência da cantoria na evolução do coco (que, tal como o lundu, embora saído dos batuques, chegou a ser dança social) foi posta em relevo com muita argúcia e oportunidade por Édison Carneiro no pequeno estudo "Coco: uma síntese folclórica", transformado em capítulo de sua plaqueta *Samba de umbigada*, onde escrevia: "Toda a evolução parece ter-se iniciado entre 1860 e 1870 — em Alagoas. Já a cantoria do Nordeste tomava de assalto, abertamente, o texto-melodia do coco. Este era, então, e mesmo depois, apenas a improvisão herdada do batuque africano, com o reforço de quadras do cancioneiro popular; mas como, até aquela data, cantava-se em todo o sertão *em quatro pés*, possivelmente será ainda mais antiga a intromissão da cantoria nordestina. Seja como for, em fins do século passado nasceram as emboladas, décimas em versos de quatro e de cinco sílabas, conservando o estribilho dialogado (provavelmente neto ou bisneto da *ligeira*) que já se intercalava às quadras do coco antigo. Era o último retoque à síntese folclórica" (Édison Carneiro, *Samba de umbigada*, Rio de Janeiro, Campanha de Defesa do Folclore Brasileiro, 1961, p. 69).

tornaria irrisório, por exemplo, tentar comparar árias de ópera com "o pai Antonio descantando no seu birimbau".[63] Assim, entre outras comparações absurdas, o padre Lopes Gama lembrava a de que "tão agradável he um *samba* d'almocreves, como a Semiramis, a Gaza-ladra, o Tancredi, e &c. de Rossini".[64]

Ora, ao estabelecer a oposição entre opostos musicais pelo critério cultural de classe — o gosto das camadas baixas simbolizado no "samba d'almocreves", o das elites na música das óperas italianas —, Lopes Gama teve o cuidado de não cair no extremo de opor os batuques de negros às óperas de Rossini, o que já seria chocante demais. Para manter a oposição entre gostos extremamente opostos aceitável, preferiu contrapor aos exemplos mais elevados da música das elites a mais desprezível das manifestações sonoras da gente branca citadina. Assim, a referência a um "samba d'almocreves" revelava-se perfeita para o caso, porque se a simples referência ao samba já comportava a ideia de contaminação com a música julgada selvagem dos batuques de negros, a preferência dos brancos por tal tipo de som só podia explicar-se em gente muito baixa — e os almocreves lidavam com mulas.

Desta forma, e considerando que o redator de *O Carapuceiro* escrevia para gente da cidade, a citação revela-se importante ao demonstrar que, consolidadas as áreas de vida urbana de tipo moderno durante o século XIX, os antigos batuques mais agressivamente reveladores da presença da escravidão tinham-se afas-

---

[63] *O Carapuceiro*, 3 fev. 1838, n° 6 (primeira página). A microfilmagem da coleção do jornal *O Carapuceiro*, editado no Recife de 1832 a 1842, num total de 427 números e 1.706 páginas, foi sugerida na década de 1950 por Luís da Câmara Cascudo, mas só veio a efetivar-se a partir de gestões levadas a efeito junto à direção do Plano Nacional de Microfilmagem de Periódicos Brasileiros, em fins de 1970, pelo então diretor-executivo da Fundação de Cultura Cidade do Recife, Leonardo Dantas Silva, a quem os pesquisadores brasileiros ficam a dever não apenas essa providência, mas a edição fac-similar, em três volumes, de *O Carapuceiro*, em 1983, sob a chancela da mesma Fundação de Cultura do Recife.

[64] *O Carapuceiro*, 3 fev. 1838, n° 6 (primeira página).

tado para a zona rural, cabendo agora o maior contraste cultural, em relação ao gosto refinado das elites, às práticas da gente das camadas baixas que fossem herdeiras daquele legado de cultura "inferior" dos negros.

Uma evidência de que essa dicotomia existia nas cidades, por sinal, desde o início dos oitocentos, seria fornecida pelo próprio padre Lopes Gama ao revelar, em 1842, no mesmo jornal *O Carapuceiro*, que trinta anos antes, quando nas festas de brancos do Recife se dançava a comporta, o coco, o sabão e até o lundu chorado, às embigadas, ao som de cítara e viola, já os batuques dos negros eram coisa "do mato". Através de um personagem matuto que recordava o Recife do alvorecer do século XIX ("Há trint'anos lá não vou") em carta a certo amigo da cidade, lembrava Lopes Gama:

"Essa palavra de baile
Té era desconhecida,
Muito menos se sabia
O tal *soiré*, e partida.
Em bodas, e bautizados
He que se dava funcção:
Dansavão se os minuetes,
Coporta, o côco, e o sabão.
Ao som de citra, e violla
Tambem era muito usado
O dansar às embigadas
O bello landum chorado.
Aqui pelo nosso mato,
Qu'stava então mui tatamba,
Não se sabia outra cousa,
Senão a dansa do samba".[65]

---

[65] "Resposta do matuto à carta do seu compadre Doutor Fagundes à cerca dos aumengtos do Recife", *O Carapuceiro*, 12 nov. 1842, n° 65, p. 5.

Como o termo *tatamba*, segundo o *Vocabulário pernambucano* de Pereira da Costa, significava "ignorante, toleirão, ingênuo, desconfiado", o que Lopes Gama estava querendo dizer através de seu inventado matuto era que, pelos inícios dos oitocentos, o mundo rural pernambucano permanecia tão distante da modernidade dos costumes urbanos que sua maior diversão ainda era representada pelos simplórios batuques africanos. E isto enquanto nas festas de casamento e batizado na cidade já se cultivavam danças europeias como a comporta, ou se estilizavam antigas danças inspiradas dos negros, como o coco e o lundu, assim elevadas dos terreiros para as salas ao som embranquecido de cítaras e violas. Ora, se o quadro era este nas primeiras décadas do século, a continuação da rude música dos negros na cidade só podia explicar-se mesmo por volta de 1838 entre as camadas mais baixas, em algum "samba d'almocreves".

Essa transformação dos batuques caóticos dos primeiros tempos da colonização em rodas de danças com alguma ordem coreográfica, sob o nome de sambas, deve ter acontecido de fato na área rural, pois em meados de 1859 o botânico fluminense Freire Alemão, em expedição científica pelo interior do Ceará, ia surpreender-se com a notícia da existência, em Pacatuba, de "um fado, que êles chamam de samba, onde se dançam várias danças".[66] Espírito curioso, o botânico vindo do Rio de Janeiro (o que torna significativa sua surpresa ante o nome *samba* aplicado a tais danças de origem negra, desde logo identificadas com o fado dos fluminenses) quis assistir a uma daquelas brincadeiras, mas lhe foi impossível, porque — explicava — "como quase sempre há bebedeira, os delegados de polícia com dificuldade os consentem".[67]

---

[66] Darcy Damasceno e Waldir da Cunha (catalogação e transcrição), "Os manuscritos do botânico Freire Alemão". In: *Anais da Biblioteca Nacional*, Rio de Janeiro, 1961, v. 81, p. 219.

[67] "Os manuscritos do botânico Freire Alemão", *op. cit.*, p. 221.

Para não decepcionar o visitante ilustre, no entanto, a "gente principal de Pacatuba" resolveu organizar uma apresentação de samba especialmente para o botânico, que teve então uma grande surpresa:

"Hoje de tardinha [dia 28 de junho de 1859] fui fazer a minha visita à família do Senhor M. G. Valente, com o Capitão Justa; saindo de lá seriam 8 horas, o Justa me convidou para assistir a um *samba* de negros na casa do Senhor Crisanto, cunhado do Senhor Antero. Prontamente acedi, cuidando ir assistir a uma dança de negros em alguma palhoça ou senzala; mas fui surpreendido quando, chegando a casa do Crisanto, logo fôra achar muita gente da principal de Pacatuba sentados em cadeiras fora da porta como aqui se costuma. Entre outros estavam o Subdelegado de Polícia Dr. Vitoriano, o Antero, o Juvenal, dois deputados provinciais filhos do Barão de Icó, que acabavam de chegar ao sertão naquele momento, e muitos mais outros senhores, e a sala de dentro estava cheia de senhoras...".[68]

E nova surpresa teve o botânico Freire Alemão quando, ao conduzirem-no para o quintal onde ocorreriam as danças (passando antes pela sala de jantar coberta de "pratos de papas (canjica), de arroz de leite, aletria, vários bolos, e muitos outros doces secos e de calda, vinhos, cerveja, etc."), verificou que as senhoras da elite local não hesitavam em aproximar-se da roda dos negros com a maior naturalidade:

"No quintal achamos uma grande roda de negros e negras, calculo em mais de 100, escravos des-

---

[68] "Os manuscritos do botânico Freire Alemão", *op. cit.*, p. 229.

sas famílias, e das mais de Pacatuba. Os instrumentos eram tambores, caquinhos com que atormentavam os ouvidos, e ainda mais com cantos, algazarras e vivas. As senhoras chegavam muitas vezes para a roda, assim como os homens, e assistiam com prazer as danças lúbricas dos pretos, e os saltos grotescos dos negros, que também fizeram jogo de pau, etc. Saindo dessa roda vinham para a sala tirar sortes, ou para a casa de jantar a comer, e beber. D. Maria Teófilo era incessante, e tomou grande interesse fazendo dançar os seus pretos, e designando-os pelos nomes, e esteve por muito tempo com uma vela na mão para alumiar melhor a cena".[69]

A cena descrita por Freire Alemão no sertão do Ceará de 1859 vinha confirmar, pois, o que o imaginário matuto de Lopes Gama afirmava em suas lembranças do Recife de inícios do século XIX: a vida nos pequenos centros urbanos do mundo rural ainda era tão tatamba que a maior diversão — inclusive dos brancos — continuava a ser os batuques dos negros, a cujas rodas se achegavam eles mesmos como espectadores participantes, sem o preconceito da gente das cidades, onde tais sambas só se admitiam longe das salas, nos redutos da gente negro-mestiça ou branca das mais baixas camadas da sociedade.

Para fortalecer essa evidência de que, a partir do século XIX, os antigos batuques de negros vindos desde pelo menos inícios do século XVII estavam quase restritos à área rural, e agora mais conhecidos como sambas, várias descrições dessas danças de negros começam a aparecer na própria literatura de ficção. De fato, nos vinte anos que medeiam entre o início da década de 1870 e fins de 1890, nada menos de três romances brasileiros têm capítulos intitulados "Samba" — *Til*, de José de Alencar, de 1872;

---

[69] "Os manuscritos do botânico Freire Alemão", *op. cit.*, p. 229.

Luizinha, de Araripe Jr., de 1878; A *carne*, de Júlio Ribeiro, de 1885 —, e em dois outros as descrições desses batuques da área rural mostram cenas de dança de umbigada: o jongo no livro *O Flor*, de Galdino Fernandes Pinheiro, o Galpi, de 1885, e a "fonção de samba" (em que a toada era de baião à viola e havia improvisos em décimas como nos cocos) no romance *D. Guidinha do Poço*, do cearense Manuel de Oliveira Paiva.

O que essas cenas de romance envolvendo descrições de rodas de danças de negros na área rural vinham revelar, afinal, era exatamente a existência de um intercâmbio cultural provocado por aquela proximidade física das famílias brancas dos proprietários com seus escravos e colonos, tão claramente indicado por Freire Alemão.

O romance de "costumes brasileiros" *O Flor*, por exemplo, embora ambientado na área de Mangaratiba, no litoral do Rio de Janeiro, tinha a originalidade de focalizar um tipo de sociedade pouco estudada: a resultante da confluência da zona pesqueira com a das fazendas (inclusive de café), que desde a primeira metade do século XIX se estendia pelas terras da Baixada Fluminense até próximo do mar. Como revela, em *O Flor*, Galdino Fernandes Pinheiro (por sinal ele mesmo um fazendeiro de café), os escravos fluminenses aproveitavam o descanso dos domingos "dançando, ao som de seu rouco tambu, o *jongo*, dança primitiva e selvática, mas animada e curiosa". E o romancista descrevia:

> "Salta o cantor a voz em nota aguda, percorrendo o espaço em círculo, fechado pelos dançantes, com passos lentos e pausados; repete variando as palavras a sua endecha, cuja última, com a toada que lhe deu, é o *ponto*. Todos em choro [em coro] repetem-no também batendo palmas. A voz do cantor domina as outras e ergue o poema.
>
> Já salta ele à direita e à esquerda, fazendo trejeitos; sacode o corpo todo com febril tremor; salta ainda, iludindo, em frente desta dançarina, e vai bater

com o ventre no daquela outra; sobre os ombros desta as mãos repousa, cinge-a pelas costas e dá-lhe uma embigada! Sai então esta ao convite; volteia sobre os pés, visando a roda; sacode os ombros desprezando o primeiro, que a encara e lá vai batendo a coreia dar a embigada naquel'outro, que grita contente e espaneja-se na alegria da dança".[70]

Na área rural do Nordeste já havia maior colaboração branco-mestiça, através do uso da viola nos sambas de terreiro, em que se dançava predominantemente o baiano ou baião — que da Bahia para o sul era lundu —, tal como se podia comprovar desde logo no capítulo "O samba" do romance *Luizinha*, do cearense Tristão de Alencar Araripe Jr., e que, apesar de só publicado em livro em 1878, havia saído em folhetins pelo jornal *Constituição*, em 1872, sob um primeiro título de *A casinha de sapé*: "As violas temperaram-se; os cantores entoaram a louvação de costume ao dono da casa e à dona da casa, e das unhas dos tocadores nasceu um baiano rasgado, capaz de fazer estremecer ao mais bisonho filósofo".[71]

O curioso é que, apesar de descrever a dança do baiano, o romancista chamava de Sambista, com S maiúsculo, ao dançador que pulava para a roda, sempre ressaltando a presença de negros e mestiços no terreiro:

"Vejam o amarelo como ginga!/ A última reflexão não partia de outro senão de um mulato conheci-

---

[70] Galdino Fernandes Pinheiro, o Galpi, *O Flor*, Rio de Janeiro, Tipografia de Leuzinger & Filhos, 1885, pp. 79-80.

[71] Tristão de Alencar Araripe Jr., *Luizinha*. Rio de Janeiro, José Olympio, 1979, p. 73 (Coleção Dolor Barreira, 5).

do por Zuza Camiranga, bicho destabocado, ralhador, pimpão dos terreiros e um dos mais intrépidos sambistas, sem ofensa à reconhecida fama do Neco Cara Preta./ O Sambista voltou-se, e depois de dar duas rasteiras erguendo o pó e batendo com as mãos, mãos, parou defronte do camarada:

'— Se o negócio é mangação,
Salta fora, boi bargado!
Nada val seres barbado
Pois sisudo vai ao chão!'

Não se pôde conter o Cara Preta. Entregou a viola a um dos companheiros, e tomando para si o desafio, campou no meio da roda, quebrando o coco com um chista sem igual:

'Já sisudo iria ao chão
Mas o boi é catingueiro!'".[72]

Não deixa de ser interessante, também, o fato de o romancista, na animada descrição desse samba de roda nordestino tão misturado — pois havia umbigada ("e parou defronte do camarada") e até rasteira ou pernada própria das futuras rodas de batucada da Bahia e do Rio de Janeiro —, ter comparado a ginga do "Sambista" com a expressão "quebrando o coco", que indicava a presença, no sertão cearense, de outra dança saída dos batuques de negros: o coco de umbigada, comum a Alagoas, Pernambuco e Paraíba.

No sul, três anos depois de *O Flor*, outra história ambientada numa fazenda de café, mas agora na região sudoeste de São Paulo, o romance naturalista *A carne*, de Júlio Ribeiro, ia incluir a cena de uma dança de negros "no terreiro varrido, em frente

---

[72] Tristão de Alencar Araripe Jr., *op. cit.*, p. 74.

às senzalas", que reforçava a descrição de Galpi para a área do litoral:

"Negros e negras formados em vasto círculo, agitavam-se, palmeavam, compassadamente, rufavam adufes aqui e ali. Um figurante, no meio, saltava, volteava, baixava-se, erguia-se, retorcia os braços, contorcia o pescoço, revolvia os quadris, sapateava em um frenesi indescritível, com uma tal prodigalidade de movimentos, com um tal desperdício de ação nervosa e muscular, que teria estafado um homem branco".[73]

Ressalvado o preconceito antropológico racista representado pela opinião de que, sendo negro (e portanto "primitivo"), o dançarino de pele escura cansava-se menos do que um branco no esforço da dança, a descrição de Júlio Ribeiro não deixava de contribuir com o registro de alguns versos ouvidos nesses batuques:

"Serena pomba, serena;
Não cansa de serená!
O sereno desta pomba
Lumeia que nem metá!
Eh! pomba! eh!
E a turba repetia em côro:
Eh! pomba! eh!"[74]

E Júlio Ribeiro reproduzia a cena:

"Os que não dançavam, que não tomavam parte no *samba*, agrupavam-se aos magotes, acotovelando-se; olhavam em silêncio enlevados, absortos.

---

[73] Júlio Ribeiro, A carne, 16ª ed., Rio de Janeiro, Francisco Alves, 1940, p. 105.

[74] Júlio Ribeiro, op. cit., p. 105.

Do solo batido pelo tripudiar de tanta gente erguia-se uma nuvem de pó, avermelhada pelo clarão da fogueira".[75]

As descrições de batuques de negros e mestiços na área dominada pela cultura do café das regiões sudoeste-sudeste do centro-sul, proporcionadas por Galdino Fernandes Pinheiro em *O Flor* e Júlio Ribeiro em *A carne*, ambos de 1885, serviam também para revelar o grau de irrealismo a que se sujeitavam outros escritores, incapazes de compreender o fenômeno de fermentação sociocultural que ocorria ante seus olhos. Em 1872, por exemplo, o romântico nacional-regionalista José de Alencar (sua ambição era traçar um vasto painel do Brasil através da ficção), ao descrever no capítulo "Samba", de seu romance *Til*, uma dessas brincadeiras de negros escravos em uma fazenda do interior de São Paulo, reduzia a realidade a visões impressionistas, tipo "dançavam os pretos o samba com frenesi que toca ao delírio". E quando condescendia em ilustrar o que via, deixava claramente transparecer preconceitos raciais elitistas que o levavam inclusive à mistificação, ante o desejo de mostrar os negros sempre pelo lado cômico e pitoresco: "Um desses [pretinhos pequenos] corta-jaca no espinhaço do pai, negro fornido, que não sabendo mais como desconjuntar-se, atirou consigo ao chão e começou a rabanar como um peixe em seco".[76]

Como se sabe, o passo de dança chamado de corta-jaca (nome que, na Bahia, além de indicar o passo, serve para designar samba de roda) é uma forma particular de movimentar os pés no chão e, logo, jamais poderia ser dançado por alguém carregado às costas por outro. E o ridículo a que essa concessão ao preconceito expôs José de Alencar nesse ponto cresce ainda mais quan-

---

[75] Júlio Ribeiro, *op. cit.*, p. 107.

[76] José de Alencar, *Til*, Rio de Janeiro, Oficinas Gráficas do Jornal do Brasil, 1929, v. 2, p. 63.

do, além do "rabanar como um peixe em seco" jamais ter constado de qualquer descrição das danças de batuque, fica-se ainda sem saber como um pai, levando o filho sobre os ombros, poderia atirar-se so chão e "rabanar como um peixe" sem atirar a criança longe.

Excetuadas bobagens como essas, geradas por preconceitos elitistas, a literatura de ficção de fins do século XIX não deixaria de contribuir para a história do processo de aculturação negro-brasileira nas áreas da música, da dança e das formas de canto, com algumas informações fundamentais. Uma dessas contribuições estaria em um livro que, escrito entre 1891 e meados de 1892, só viria a ser publicado em 1952, sessenta anos após a morte do autor: o romance D. *Guidinha do Poço*, do cearense Manuel de Oliveira Paiva.

Nesse primoroso romance passado no sertão cearense de meados do século XIX, e no qual o realismo da narrativa se casa com o emprego originalíssimo da linguagem coloquial, a descrição da cena de um samba de matutos revela-se de uma precisão e um colorido poucas vezes alcançados na literatura brasileira.

Do ponto de vista da história da música popular, a importância dessa contribuição documental-ficcional de Manuel de Oliveira Paiva é representada, desde logo, pelo fato de permitir o conhecimento de como se verificou, no sertão nordestino, o equivalente do fenômeno sócio-cultural da transformação do caos sonoro dos batuques primitivos nas formas de danças de roda com umbigadas e cantos em coro e solos que receberam o nome de samba.

O romancista começa por não deixar escapar o pormenor importante do choque verificado no Ceará entre os tipos de dança negro-escrava e crioula, criados nos núcleos populares de predominância negra da Bahia para o sul, e a realidade cultural da zona de cantoria mestiço-cabocla da viola sertaneja. Manuel de Oliveira Paiva focaliza exatamente isso no momento do romance D. *Guidinha do Poço* em que, ao descrever o início do baião à base de toques de viola e de canto ao desafio, faz o agregado da fazenda Silveira — cuja preferência era pela cantoria nordestina — dizer ao moço da cidade, Secundino, sobrinho da fazendeira D. Guida:

"— Neste fordunço, a cantoria se perde quase toda! — fez-lhe ver o Silveira. Eu não gostei nunca de cantá em samba pro mó disso mesmo. No pinho, outro galo me cantava, eu decidia cá a meu gosto. Mas também, a bem dizê, só aprecio hoje im dia baião de ponta de unha, bem explicado na regra, como eu cá sei. Home! Essa fonção de samba só mesmo pa quem qué se metê na vadiação...".[77]

O romancista queria explicar com isso que Silveira, violeiro dedicado à tradição mais puramente mestiça e sertaneja local da cantoria contraponteada pelos rojões ou baiões à viola, não estava interessado nos cantos melódicos destinados a animar as rodas de samba, e sim apenas no toque de acompanhamento da cantoria do improviso tipo desafio que, por seu ponteado, realmente se fazia não no fácil estilo rasgado, mas na "ponta de unha".

Excetuada essa peculiaridade do samba matuto nordestino específica do sertão cearense, o romancista revelava que, no geral, a síntese negro-brasileiro-europeia da dança de roda, com castanholar de dedos do fandango e umbigadas africanas, expandira-se por todo o Brasil de forma avassaladora naquela segunda metade do século XIX.

A cena do samba na casa do Silveira começa com a infalível demora na afinação das violas ("coisa pa me abusá só é quando tocadô pega a afiná a viola!'), e continua:

"Até que enfim, executadas diferentes afinações em cima e em baixo, a viola de melhor regra fez a pos-

---

[77] Manuel de Oliveira Paiva, *D. Guidinha do Poço*, São Paulo, Saraiva, 1952, p. 89 (Coleção Romances do Brasil, 1).

tura do baião, entrando em seguida a marcar, com o polegar no bordão, ao passo que com aquele outro dedo passava a pontear um sapateado sereno, encrespado de quando em vez por um trecho vermelho de rasgado. O toque produzia nos circunstantes aquele susto que é sintoma de profundo prazer".[78]

Sempre com a mesma precisão de observação, Manuel de Oliveira Paiva prosseguia mostrando como a dança-cantoria do baião constituía, na verdade, uma forma de samba sertanejo:

"Os cantadores largavam a goela no mundo, impregnando no verso a volúpia do baião:

'Todo branco quer ser rico,
Todo mulato é pimpão,
Todo o cabra é feiticeiro,
Todo o caboclo é ladrão!
Viva seá D. Guidinha,
Senhora deste sertão'".[79]

O romancista, aliás, não deixava dúvida quanto ao fato de a "fonção de samba" cearense referida pelo personagem Silveira constituir, tal como o fado carioca descrito por Manuel Antônio de Almeida, não apenas dança e ritmo determinados, mas uma sequência de diferentes toques e cantorias, comandadas no caso desse samba sertanejo pela cadência das violas e as batidas características do baião ou rojão:

"Prolongavam muito determinadas sílabas num misto de canto e aboiado, e principalmente o final do

---

[78] Manuel de Oliveira Paiva, *op. cit.*, p. 88.

[79] Manuel de Oliveira Paiva, *op. cit.*, p. 90.

último verso. Às vezes a modulação parecia ir com aquele pinotear cadenciado do rojão:

'O fogo nasce da lenha,
A lenha nasce do chão;
O amor nasce dos olhos,
O afeto do coração;
A ira vem de repente,
Mas a raiva vem do cão;
Amizade vem da estima,
Do fervor a gratidão,
O homem dá valimento
Mas só deus dá salvação...
Menina dá-me teus braços,
Que eu te dou meu coração!
Todo letrado é ladino,
Todo o frade é mandrião...
Viva senhor Secundino
Pessoa de estimação!'".[80]

A esta altura não havia dúvida de que o baião mestiço sertanejo havia degenerado em samba do tipo negro-brasileiro de inspiração africana, pois Secundino queixava-se de não conseguir ouvir todos os versos ("Mas é uma zoada dos seiscentos, muita coisa se perde!") e, em dado momento, aparece a clássica umbigada indicada pelo emprego, na descrição, do verbo *atirar*. Atirar em alguém, numa dança de roda, é convocar essa pessoa para o centro do terreiro com um avanço frontal do corpo, simulando (ou aplicando) uma umbigada:

"Carolina vem, e atira no Secundino./ — Não pode arrecusá! Não faça desfeita!/ A outra, que era a

---

[80] Manuel de Oliveira Paiva, *op. cit.*, p. 90.

Mercês de Seu Antonio, atirou no Silveira. Secundino estava demorando por denguice, que isso de cara de pau ele a tinha bastante./ — Vom'bora, home! Deixe de custo, que muié tão esperando por nós./ Saiu enfim Secundino, debaixo de *ah!* geral de satisfação".[81]

A certeza de que se tratava agora de um samba no estilo negro-baiano ou sulista com que os antigos batuques de africanos passaram a se apresentar pelos fins do século XIX estava em que, conforme Oliveira Paiva revelava, uma das dançarinas, a Carolina, já aparecia na roda dançando miudinho, com seus movimentos de remelexo apenas da cintura para baixo:

"Secundino realmente gingava em regra, com o passo muito certo e um belo ar petulante e pachola. Carolina toda se derretia. Ele começava a ficar sexualmente excitado por aqueles movimentos vivos da saia dela, da cintura para baixo, que se repetiam com umas ondulações voluptuosas de alabreda. A Mercês, mulher de seu Antonio, dançava com certo acanhamento, mais obrigada pelo marido. Era como por cumprir um dever. Porém, de suas faces coradas, dos seus olhos voltados constantemente para o chão, daquela mesma repugnância que não podia negar, medrava um chiste, a tentação da esquivança".[82]

De fato, tal como nos sambas rurais da Bahia ou do centro--sul, áreas de predominância negra, são os dois homens que depois se encarregam de tirar novas dançarinas para a roda ("Depois ficaram os dois homens, que atiraram em duas raparigas donzelas, cunhãzinhas do Itambé").

---

[81] Manuel de Oliveira Paiva, *op. cit.*, p. 90.

[82] Manuel de Oliveira Paiva, *op. cit.*, pp. 91-2.

E quando "Secundino e Silveira acabaram a sua parte", cessa a dança de umbigadas e voltam os cantadores com suas violas "num baião vermelho, estabanado, de cavar o chão", após o qual se dá um intervalo para descanso dos músicos e nova afinação dos instrumentos, fazendo supor a mudança de quadro na sequência geral da função desenrolada, ao que tudo indica, como uma suíte: "Cessado o toque, passado um pouco, a fim de retemperar as violas, os tocadores se afastam do mexe-mexe para o ouvido lhes poder melhor regular a afinação".[83]

Nesse seu romance *D. Guidinha do Poço*, Manuel de Oliveira Paiva deixa perceber claramente, aliás, as diferenças já alcançadas ao final dos oitocentos pelas danças populares de terreiro (sempre muito presas à sua raiz negro-africana) e as de salão, dirigidas às expectativas de "modernidade" da burguesia dos senhores de terra locais e da pequena classe média composta por profissionais liberais, funcionários públicos e gente do comércio das pequenas comunidades urbanas, ou vilas. Contava o romancista, referindo-se às festas das famílias brancas pela época de São João:

"Bailes e mais bailes. Criara-se um *clube*, à imitação do da Capital [Fortaleza]. Justo contentamento para Lalinha [a jovem Eulália, filha do juiz local, namorada de Secundino]. Só a sanção social da dança poderia entregá-la de seu ao braço do *cavalariano* tão ebriamente arrochado [vigiado de perto] pela tirana do Poço da Moita [D. Guidinha, a todo-poderosa fazendeira]".[84]

---

[83] Manuel de Oliveira Paiva, *op. cit.*, p. 95. A prova de que, no geral, essas danças eram conhecidas dos caboclos cearenses com o mesmo nome de *samba*, usado no sul, é que, referindo-se às marcas do "ciscado dos sapateados" no chão da casa de Aninha Balaio, um dos personagens comenta, perguntando sobre a festa havida na noite anterior: "foi sambão, hem?" (*D. Guidinha do Poço*, p. 106).

[84] Manuel de Oliveira Paiva, *op. cit.*, p. 102.

O clube, segundo o romancista, "estava em antigo prédio construído no século passado" (século XVIII), e se para a provinciana Lalinha parecia um palácio, aos olhos de Secundino, "se não fôra o momentâneo acelero das sensualidades, incluiria no número dos pardeiros".[85]

Era graças a esse clube imitado da capital, porém, que Secundino podia aproximar-se bem ou mal de Lalinha, marcando espertamente em seu proveito a quadrilha entre "bons dizeres e muita chufa":

"— Alavantu! — gritava este Secundino, espremendo a mãozinha de Lalá.
— *Gram chêne simples... duble balancê! Mão direita!*
A Lalinha em não sendo seu par, ele abusava do *changez de dames* e do *promenade*...".[86]

Essa movimentada dança de salão das comunidades urbanas do mundo rural — que coexistia, no mesmo momento histórico, com os sambas de terreiro dos negros e gente das camadas mais baixas — revelava-se, aliás, para os conservadores pais de moças, uma novidade que aceitavam com desconfiança, como também mostrava Manuel de Oliveira Paiva:

"Os matutos não eram bastante useiros nas *figuradas*, que até levavam à boa conta. Diz-se que, na festa do ano anterior, um deles chegou-se a um cavaleiro [sic] com quem sua filha estava estropiando uma polca, e lhe disse formalmente:
'— Desgrude-se, moço! — e como foi grande o

---

[85] Manuel de Oliveira Paiva, *op. cit.*, p. 102.
[86] *Idem.*

pasmo, foi muita a aprovação do ato moralizador e isolador'".[87]

Isso queria dizer que, enquanto o povo miúdo se divertia nos sambas, os gêneros de dança importados da Europa para as novas camadas sociais dos grandes centros do litoral ainda esbarravam, no sertão, na velha moral tradicional, marcada pelos padrões patriarcais, indicadores da extrema simplicação da estrutura social do latifúndio. O que, aliás, não impedia, no romance, o praciano Secundino de aguardar a hora de ouvir tocar uma habaneira para poder enlaçar o corpo de Lalinha: "O Secundino babava-se por gozar de uma *habaneira* com a Lalinha. Mas o olho desvairado da Guidinha do Poço!".[88]

Assim, quando, pelo despontar do século XX, a aceleração da diversificação social, decorrente da nova divisão do trabalho estabelecida pela produção urbano-industrial, aprofundou essas diferenças no campo cultural, a dicotomia se consolidou: os brancos das camadas média e alta passaram a contar com formas próprias de lazer (bailes, festas de clubes, teatros, espetáculos musicados, discos, fitas e vídeos); os negros, mestiços e brancos das classes mais baixas continuaram herdeiros dos batuques, cultivando até hoje a batucada, o bate-baú, o lundu, o coco, o caxambu, o jongo, o tambor de crioula e todas as modalidades surgidas no calor dos sambas. Inclusive o próprio samba e o velho partido alto, ainda tão populares e tão cheios de sabor que a própria indústria de massa não hesitaria em revivê-los comercialmente na década de 1980 sob o nome de *pagode*.

---

[87] Manuel de Oliveira Paiva, *op. cit.*, p. 102.

[88] *Idem.*

Parte III
AUTOS E FOLGUEDOS DE NEGROS

4.
A ORIGEM PORTUGUESA-AFRICANA DAS COROAÇÕES DE REIS DO CONGO: SÉCULOS XV E XVI

Da mesma forma que as músicas e danças "gentílicas" dos negros conhecidas inicialmente por batuques e, depois, por sambas, originaram a criação, em todo o país, de numerosas formas musicais e coreográficas crioulo-branco-mestiças, hoje integradas ao patrimônio cultural do povo, certos autos ou dramatizações da vida africana — como os referentes à coroação de reis do Congo, embaixadas e danças bélicas — iam constituir igualmente a matriz de vários autos e danças desde o século XVII integrados ao folclore e ao carnaval brasileiros.

A mais antiga dessas dramatizações de origem africana, acompanhada de sons de percussão e danças, é a da coroação de reis do Congo, realizada no âmbito das confrarias de Nossa Senhora do Rosário e que, antes de firmar uma tradição ligada à história dos escravos e seus descendentes crioulos no Brasil, constitui a mais antiga criação cultural dos africanos subequatoriais no próprio território de Portugal, a partir de meados do século XV.

Na verdade, quando em carta enviada de Pernambuco aos "irmãos de Coimbra", com data de 4 de junho de 1552, o padre Antônio Pires, após anunciar que "há nesta Capitania grande escravaria asi de Guiné como da terra", dá conta da existência, em Olinda, de "huma confraria do Rosairo" (onde negros e índios já saíam em procissão recitando "*Ora pro nobis*"),[1] havia quase um século que, em Portugal, o rosário da Virgem — tão semelhante

---
[1] Serafim Leite (org.), *Cartas dos primeiros jesuítas do Brasil*, Edição da Comissão do IV Centenário da Cidade de São Paulo, v. 1, pp. 325-6.

ao rosário de Ifá dos próprios africanos — atraía os mais de 9 mil escravos recenseados em Lisboa naquele mesmo ano de 1552.[2] Foi na capela da Igreja de São Domingos de Lisboa, onde existia um altar de Nossa Senhora do Rosário, que os negros daquela cidade — documentadamente envolvidos com a confraria, embora de portas afora, desde 1505 — começaram a realizar a teatral solenidade da coração de reis do Congo. E isso talvez desde 1520, e quase com certeza a partir de 1533, quando surge a primeira notícia expressa do funcionamento da Confraria de Nossa Senhora do Rosário dos Homens Pretos em Portugal.

As coroações de reis do Congo constituíram, em verdade, uma projeção simbólica da política missionária desenvolvida em comum pelo poder real e a Igreja portugueses na África e, como tal, representaram apenas um reflexo da nova política posta em prática por D. João II (e depois continuada por D. Manuel e D. João III) em relação aos negócios da África, e que tinham no tráfico de escravos sua atração principal.

Desde os últimos anos da ação do infante D. Henrique à frente da empresa das navegações, pelo correr da década de 1450, a diretriz para as relações dos comerciantes navegadores com as populações da costa da África negra passara a ser a da substituição dos ataques armados contra os naturais pelo entendimento pacífico com os potentados locais, no sentido de obter as bases de uma política de intercâmbio comercial duradouro. Para o sucesso dessa política ia contribuir a ação religiosa dos missionários, vinda de inícios do reinado de D. João II, ou seja, exatamente quando, em 1481, o navegador Diogo Cão atingiu a região do rio

---

[2] A participação dos escravos africanos na Confraria de Nossa Senhora do Rosário, em Portugal, é historiada pelo autor em seu livro *Os negros em Portugal: uma presença silenciosa* (Lisboa, Editorial Caminho, 1988). A estatística sobre os escravos negros em Lisboa é de João de Buarcos Brandão, *Tratado da magestade, grandeza e abastança da cidade de Lisboa na 2ª metade do século XVI — Estatística de Lisboa de 1552*, Lisboa, Arquivo Histórico Português, 1923, t. 11.

Zâmbia, estabelecendo o primeiro contato dos portugueses com o poderoso reino do Congo.

Confiante na proposta de "pazes" apresentada por Diogo Cão, o "rei" do Congo, Muemba Nzinga — cujo título africano era mani, o que explica o nome de Manicongo dado a ele e a seu reino —, fez-se imediatamente batizar com o nome de Afonso I (pois o senhor de Soyo, ou Sonho, que primeiro entrara em contato com os portugueses recém-chegados, antecipara-se escolhendo para ele o nome do rei D. Manuel) e passou a considerar-se irmão do rei de Portugal. Para demonstrar, de sua parte, a importância que conferia a tal aliança, o rei D. Manuel projetaria inclusive, em 1512, o envio de uma embaixada do reino do Congo ao papa Júlio II (o mani Afonso I chegou a assinar documento anunciando sua conversão e a de seu povo, a ser levado a Roma); mas o papa morreu em inícios de 1513 e a iniciativa foi suspensa. Essa ideia de usar a conversão dos povos do Congo como arma política junto ao poder do papa, no entanto, não foi esquecida, e após a morte de D. Manuel, seu sucessor no trono, D. Afonso III, tomou a iniciativa de escolher o filho de D. Afonso I do Congo — D. Henrique, educado para padre em Portugal e já então bispo de Útica — para membro da delegação de prelados portugueses ao concílio programado em 1529 pelo papa Clemente VII.

Do ponto de vista dos negros do Congo levados a Portugal como escravos, é claro que essas notícias em torno das relações praticamente de Estado para Estado entre os soberanos portugueses e os mani congueses não deixariam de repercutir a favor de seu prestígio. Assim, muito embora a origem tribal dos escravos africanos tivesse sido sempre a mais variada, a importância conferida desde D. Manuel, especificamente, ao reino do Congo (região entre o rio Congo ou Zaire, ao norte; rio Bengo, na altura da atual Luanda, em Angola, ao sul; e linha do rio Cuango, pelo interior) deveria inevitavelmente contribuir para um certo sentimento de superioridade por parte dos antigos súditos do Manicongo na metrópole. E ia ser por certo esse sentimento o que levaria os escravos negros de Lisboa dos quinhentos à encenação, nas suas confrarias, da espécie de espetáculo simbólico destinado a traduzir, sob forma teatral, aquele reconhecimento da importância do reino do Congo por parte do poder português. Certas características decorrentes dessa tradição das festas de coroação de reis do Congo em Lisboa do século XVI iam passar ao Brasil a partir dos anos seiscentos (quando surgem notícias sobre tais coroações em Pernambuco), para ganhar sua feição de auto popular definitivamente integrado à tradição nos séculos XVIII e XIX. Uma dessas características seria a do esperto aproveitamento, por parte do colonizador, de certas veleidades despertadas nos escravos do Congo por tais solenidades, e no caso se traduziam na atribuição de uma parcela de autoridade aos potentados simbólicos, para que exercessem o controle social dos próprios irmãos escravos.

De fato, desde que Lisboa e Sevilha se tornaram, pela segunda metade do século XV, os maiores entrepostos de escravos da Europa, surgiu para as autoridades o problema da contenção de tais comunidades. E como a repressão meramente policial se revelou ineficiente (o que se evidenciava de forma clara na multiplicidade e redundância das normas de lei ditadas para regular a vida dos negros na sociedade branca), a saída encontrada pelo poder real foi a de conferir um certo poder de polícia aos próprios escravos. E isso era feito através da nomeação de chefes ou governadores subordinados à autoridade moral dos reis do Congo.

No caso de Portugal, os documentos sobre a vida dos negros na metrópole não oferecem maiores notícias a respeito, mas, no que se refere à Espanha, sabe-se que por despacho de 11 de novembro de 1478 os reis católicos Fernando e Isabel já concediam a um negro de Sevilha, chamado Juan de Valladolid, o título de Mayoral, o que lhe conferia a responsabilidade sobre o comportamento social dos negros cativos e forros da cidade.[3]

---

[3] No Brasil há notícia da figura de negro com função semelhante de

A documentação sobre as coroações de reis do Congo, raras tanto para o caso de Portugal quanto do Brasil no século XVII, começa a surgir com mais frequência a partir do século XVIII. À informação do padre Antônio Pires de que em 1552 já existia em Olinda "huma confraria do Rosario" seguir-se-ia a notícia da construção, entre 1662 e 1667, de uma Igreja de Nossa Senhora do Rosário dos Homens Pretos no Recife, o que talvez explique o aparecimento, poucos anos depois (1674-1708), de vários registros de reis dos Angolas, reis dos crioulos, rainhas, juízes, mordomos e mordomas negros, mulatos, escravos ou forros devidamente anotados nos Livros de Lançamento da mesma Igreja do Rosário.

O fato de os documentos de 1674 da Irmandade do Rosário referirem-se a reis dos Angolas e não a reis do Congo tem uma explicação: durante a ocupação holandesa na África, o reino do Congo afastou-se dos portugueses, chegando a declarar-lhes guerra duas vezes: a primeira em 1656, quando o rei D. Antônio Manimuluza foi derrotado por Diogo Gomes de Morales; a segunda em 1666, quando o mesmo rei do Congo, além de ser novamente derrotado pela superioridade das armas dos portugueses, em Ambuíla, foi capturado e degolado. Após essa vitória, os portugueses passaram a englobar sob o nome de Angola o antigo reino do Congo, o que era uma forma de apagar a importância do Manicongo. Assim, é claro que, no Brasil, os negros não pudessem mais, ao menos durante algum tempo, sagrar orgulhosamente reis do Congo, e sim, como exceção forçada, apenas reis de Angola.

De fato, com a indicação expressa de rei do Congo, a informação mais antiga encontrada até hoje no Brasil é a que consta do compromisso da Irmandade de Nossa Senhora do Rosário da Vila de Igaraçu, em Pernambuco, mas que, por constituir copi-

---

"capitão", conforme quadrinha popular que começa com os versos: "Quando io tava em mia tera [terra]/ Io chamava [era chamado de] Capitão...".

lação de documentos anteriores da mesma irmandade na Igreja de Olinda, permite remontar a solenidade com o mesmo nome a 1711, pois — segundo informação de Pereira da Costa em seu "Folclore pernambucano" — tal compromisso dos negros olindenses fora aprovado por provisão do bispo diocesano D. Manuel Álvares da Costa em 8 de abril de 1711.

Segundo Pereira da Costa — que deve ter-se baseado na leitura dos velhos compromissos da Irmandade do Rosário dos Homens Pretos para sua afirmação — "os reis do Congo eram investidos por eleição geral entre os próprios africanos, podendo a escolha recair em indivíduos livres ou escravos". E acrescentava:

"Além do cargo geral de rei do Congo, havia particularmente os de governadores de tribos ou nações, como se de várias provisões conferindo a nomeação de tais cargos, dentre os quais destacamos duas da época mais remota, do ano de 1776, pelas quais o governador e capitão general da capitania José Cesar de Menezes conferiu ao preto Bernardo Pereira a patente de *Governador dos pretos da costa da nação Sabareí*, lavrada em 3 de abril; e ao preto Ventura de Souza Garcez, da nação dos Ardas da costa da Mina, de que era tenente--coronel, o de governador da dita nação, por patente de 17 do mesmo mês, uma vez que foi eleito em junta da sua gente, por desistência de Ventura Vaz Salvado, pela sua adiantada idade, esperando dele que nas obrigações que lhe competiam se haveria como lhe cumpria, contendo em paz os ditos pretos de sua nação".[4]

O que tudo isso revelava, no fundo, era a grande habilidade demonstrada pelas autoridades coloniais (herdeiras, neste pon-

---

[4] Pereira da Costa, "Folclore pernambucano", *Revista do Instituto Histórico e Geográfico Brasileiro*, Rio de Janeiro, 1908, t. 20, part. 2, p. 216.

to, da experiência portuguesa na própria metrópole), e que se constituía em promover a reprodução, através de uma espécie de teatro posto em prática, das transformações institucionais que desde o século XVI estavam sendo impostas aos próprios africanos em sua terra. De fato, sob o disfarce da cristianização invocada desde o Regimento de 1512, dado pelo rei D. Manuel a Simão da Silva para orientá-lo em sua ação na África ("Acerqua do acrecentamento da nossa santa fee catholica, asy em terra del rey de Maniconguo, com em parte, uos trabalhay como se faça fruyto, porque ysto he o principal fundamento com que la uos enviamos"),[5] os portugueses procuravam sempre modificar as instituições tradicionais africanas, no sentido de amoldá-las ao sistema político-administrativo das monarquias europeias. Assim, em lugar de sagrar os novos reis pelo costume africano da escolha entre descendentes do fundador do reino, os portugueses forçaram a adoção do sistema patrilineal europeu, apenas com a variante de não obrigar à sucessão pelo filho primogênito do "rei", mas pela possibilidade de eleição de um de seus descendentes, sempre numerosos e agora chamados a europeia de *infantes*. E como o Congo constituía, na realidade, uma confederação monárquica eletiva e a escolha do rei resultava dos votos de um colégio formado pelos potentados das nações ou províncias confederadas, os portugueses passaram a chamar esses poderosos governadores regionais quase autônomos de *duques*. Isso constituiu o primeiro passo para a distribuição de outros títulos da nomenclatura hierárquica do sistema monárquico europeu — como os de conde e marquês —, para a criação do cargo inédito de conselheiro do rei e, finalmente, para modificações no próprio cerimonial de coroação dos novos manis, que passava a ser praticamente dirigido por

---

[5] "Regimento de Simão da Silva", *Comunidades Portuguesas*, Revista Trimestral da União das Comunidades de Cultura Portuguesa, n° 4, out. 1966.

um prelado católico ou seu vigário, em detrimento do papel até então desempenhado pelo Mani-Vunda, a quem cabia investir o rei do poder divino.[6]

Ora, se na África a coroação dos reis de verdade entrava nessa fase de sincretismo religioso e político, não é de admirar que a partir do século XVII viessem a surgir no Brasil, ao lado dos reis simbólicos das confrarias ou irmandades do Rosário, a multidão dos juízes de nações, mordomos, mordomas, secretários de Estado, marechais, generais, tenentes-generais, brigadeiros, coronéis, tratados conforme a importância dos postos por majestade, excelência ou senhoria. E tudo implicando em custos recolhidos pela mesa da Irmandade das Igrejas de Nossa Senhora do Rosário dos Homens Pretos, como mostra o mais antigo manuscrito encontrado no Recife e visivelmente escrito por mão de negro:

"Anno de 674: e acabou em 1675
Eleisão dos Reizes e mais officiaz que ham de Servir a nossa Senhora do Rozario dos pretos este Anno de 1674 e acaba em 1675.

Rey dos Angolas Antonio Carvalho
   escravo de Agostinho Carvalho pagou...... 4$040
Rei dos Crioulos, Antonio Mamiry
   por sua devosão pagou...... 4$000
Juiz dos Angolas pascoal de abreu escravo
   do Sargento mor thomás de abreu...... 5$000
Juiz dos Crioulos Domingos Correa escravo
   do Capp. Manoel Gonçalves Correa...... $000

---

[6] Essas transformações do cerimonial de coroação dos reis do Congo desde o século XVI são descritas com "realismo político" (sic) pelo padre Antônio Brásio em seu estudo "O problema da eleição e coroação dos reis do Congo", Separata da *Revista Portuguesa de História*, Instituto de Estudos Históricos da Faculdade de Letras da Universidade de Coimbra, 1969, t. 12.

Rainha dos Angolas Agela Ribeira
 escrava de Antonio Ribeiro Barreiros .... 4$000
Rainha das Crioulas Luzia dias
 escrava de Francisco Barros não asertou ... $000
Juiza das Crioulas por sua devosão
 Joana Leytoa .... 4$000
Juiza das Angolas Brivida Roiz
 escrava de João esteves da Costa .... 6$000

27$040

Mordomos

Luiz Marquez		$960
Antonio Gomes Gordura	pagou...	$200
João Coelho Mosorongo	pagou...	$200
Manoel Roiz	pagou...	$200
		1$680

Mordomas

Esperança diaz monteyra	pagou...	$740
Grimoneza perreira	pagou...	1$000
Vitoria Antunez	pagou...	$960
Luzia de torrez	pagou...	$640
Dominguas Roiz	pagou...	$400
		3$740

Soma .... 32$460

Lançado no Rezumo da q. corrente a fl. 44. Sendo escrivão Francisco de misquita, thezoureiro Amaro Gonçalves Codorniz, procurador Manoel Roiz mestre-d'armas. Procuradoras Luiza de Albuquerque e maria Gonçalves Samba".[7]

---

[7] "Manuscritos da Igreja de Nossa Senhora do Rosário dos Homens

Embora a solenidade principal da coroação dos reis do Congo acontecesse dentro dos templos (costume que prevaleceu até o século XIX, quando proibições sucessivas por parte dos padres obrigaram à mudança para o adro das igrejas), o auto festivo não se esgotava aí, mas incluía a realização de danças e desfiles em que os negros reviviam aspectos ligados àquele mesmo ato na África e que envolviam elementos não apenas políticos, mas religiosos.

Um desses acontecimentos interligados com o processo de escolha e coroação dos reis do Congo era constituído pela representação do costume africano do envio de embaixadas tribais ao Mbazi a Congo (o terreiro ou paço residencial dos reis, onde se realizavam as eleições).

Os povos africanos, de uma maneira geral, foram sempre amigos de danças coletivas simbólicas, que se revestiam quase sempre de intenção mágico-religiosa ou propiciatória, e algumas delas faziam parte do verdadeiro auto em que implicava a organização de suas embaixadas.

A mais antiga descrição de uma dessas embaixadas de caráter quase teatral da tradição conguesa deve-se ao cronista holandês Gaspar Barlaeus e focaliza as exibições realizadas pela segunda das comitivas enviadas pelo rei do Congo ao Conde Maurício de Nassau em Pernambuco, em 1642. Os holandeses, que já em 1612 se haviam estabelecido na Costa do Ouro (Port Nassau) e desde a década de 1630 instalaram-se no Brasil, haviam tomado aos portugueses, em 1641, suas feitorias da costa de Angola e Benguela, procurando desde logo estabelecer contato amigável com os potentados africanos da região. Paralelamente, como o enfraquecimento do poder português durante o tempo dos Filipes (1580-1640) havia provocado o surgimento de rivalidades entre as nações do Congo (o que ia terminar com a do reino

---

Pretos do Recife", copiados por Ivan Seixas, da Diretoria de Documentação e Cultura de Pernambuco, compreendendo o período de 1674 a 1728. Publicados na revista *Arquivos*, nºs 1 e 2, 1945-1951, Recife, Divisão de Documentação e Cultura, pp. 53-120. Documento citado às pp. 55-6.

de 1655), os chefes africanos interessados na conquista do poder passaram a procurar entendimento direto com a Holanda e seu representante na América, o Conde de Nassau, através do envio de embaixadas. E é na descrição de uma dessas embaixadas (houve duas, sendo uma enviada pelo rei do Congo e pelo Conde de Sonho, e outra ainda pelo rei do Congo e o Duque de Bamba) que o cronista Barlaeus permite compreender o caráter teatral de que se revestiam, por tradição, essas delegações oficiais:

"Segunda vez o rei do Congo e o duque de Bamba dirigem-se por dois embaixadores a Nassau, que, julgando conveniente cair-lhes em graça com algum serviço, os acolheu a expensas públicas e dêles se despediu quando estavam de partida para a Holanda, onde apresentaram ao Príncipe de Orange uma carta do seu rei e outra aos diretores da Companhia. Eram eles de compleição robusta e sadia, rosto negro, muito ágeis de membros, que ungiam para maior facilidade de movimento. Vimo-lhes as danças originais, os saltos, os temíveis floreios de espadas, o cintilar dos olhos simulando a ira contra o inimigo. Vimos também a cena em que representavam o seu rei sentado no sólio e testemunhando a magestade por um silêncio pertinaz. Depois vimos a cena dos embaixadores vindos do estrangeiro e adorando o rei, conforme o cerimonial usado entre suas nações, as suas posturas, a imitação das suas cortesias e mostras de acatamento, cousas que, para divertimento dos nossos, exibiam, um tanto alegres, depois de beberem".[8]

A importância da descrição baseada no testemunho pessoal de algum dos holandeses presentes (Barlaeus escreveu guiado por

---

[8] Gaspar Barlaeus, *História dos feitos recentemente praticadas durante oito anos no Brasil*, Recife, Fundação de Cultura, 1980, p. 255.

documentos fornecidos pelo próprio Nassau e, certamente, por informações de antigos funcionários da administração do conde em Pernambuco) está no fato de revelar que os povos integrantes do reino do Congo — à época formado pelo próprio Congo, e mais Angola, Macamba, Ocamba, Cumba, Lula, Zuza, Buta, Suda, Bamba, Ambuíla, Sonho e Cacongo — já possuíam uma tradição de representação de fatos da realidade através de danças dramáticas. Assim, os saltos dos dançarinos, que untavam previamente a pele com óleo (possivelmente sagrado), indicavam com "os temíveis floreios de espadas" e o "cintilar dos olhos simulando a ira contra o inimigo" a demonstração de uma dança de guerra muito comum na época de escolha de novo rei, quando a disputa de influências dentro do reino se exacerbava. Terminada a luta e escolhido, afinal, o novo mani geral do Congo, ele aparecia representado na figura majestática que, sentada na cadeira real (para onde era conduzido pelo sumo sacerdote Mani-Vunda, encarregado de lhe transmitir o poder divino, o que explica seu "silêncio pertinaz"), recebia as insígnias do poder — a cada uma correspondendo uma cerimônia ritual saudada com música e gritos de alegria —, para terminar tudo com a homenagem dos chefes eleitores ("a cena dos embaixadores adorando o rei").

Assim, pelo que se percebe, o auto de coroação dos reis do Congo, encenado pelos escravos africanos, desde inícios do século XVI, nas festas de Nossa Senhora do Rosário, em Portugal, nada mais constituía do que a reprodução de solenidades da vida político-social de suas nações, muitas vezes montadas como espetáculo pelos próprios reis e potentados nas embaixadas com que pretendiam oferecer uma ideia de seu poder no exterior.

Ora, como tais cenas, pouco a pouco estruturadas no complexo auto da coroação de reis do Congo, incluíam sempre muitas danças ao som de instrumentos africanos ("a modo Ethiopico", como definia em 1745 Frei Manuel da Madre de Deus em sua *Súmula triunfal da nova e grande celebridade do glorioso e invicto martyr S. Gonçalo Garcia*) pode-se compreender que, ao esvaziar-se, ao longo do século XIX, a função simbólico-social do espetáculo, pela perda, por parte dos negros crioulos, da memória exata do que se representava, a antiga representação viesse a desmembrar-se em festas autônomas. E isso ia acontecer com a transformação não apenas de cenas da coroação dos reis do Congo em si (que viraram as danças e cantos chamados de *congos*), mas das danças dramáticas transformadas em congadas e cucumbis e dos desfiles de séquito real, ressurgidos em Pernambuco sob a forma de maracatus carnavalescos.

Foi essa degradação do auto original dos reis do Congo, pela perda da sua função cultural e social, que ia permitir ao estudioso Luís da Câmara Cascudo acertar em cheio, quando lhe resumiu os efeitos, escrevendo no verbete "Congos, congados, congadas" de seu *Dicionário do folclore brasileiro*:

"De um modo geral podemos dividir a colaboração dos autos negros, nas danças dramáticas brasileiras, em três grupos: a) danças e cantos pela coroação dos reis de Congos, já existente em 1711, coroados nas igrejas, com cerimonial e exercendo autoridade tradicional entre seus companheiros; b) danças e cantos interpretativos ou narrativos de fatos históricos ou tradicionais na África, ligados pela memória comum e executados quando das festas religiosas católicas, Nossa Senhora do Rosário ou São Benedito, tais como as histórias da rainha Ginga de Angola, a derrota de Henrique, rei Cariongo, matanças de príncipes, embaixadas desafiadoras, etc.; c) bailes de reconstituição social, como os maracatus pernambucanos, e as arengas intermináveis, tão ao sabor africano. Os instrumentos são todos, tipicamente, de percussão".[9]

---

[9] Luís da Câmara Cascudo, *Dicionário do folclore brasileiro*, Rio de Janeiro, Instituto Nacional do Livro, 1954, pp. 192-3.

Isso significa, em resumo, que se dos batuques se originaram danças de roda em que, por extensão da parte cantada, acabaram muitas delas virando canção (como aconteceu no Brasil com o lundu, a embolada surgida do coco e o samba, e em Portugal com o fado), do primitivo auto da coração de reis do Congo saíram, afinal, para enriquecimento das criações festivas do povo do campo e das cidades, vários outros folguedos: as danças coletivas em desfile dos maracatus do Recife, dos afoxés da Bahia, das taieiras de Sergipe, dos cambindas da Paraíba e dos moçambiques do centro-sul. E, naturalmente, os congos e congadas que, de norte a sul, revelam a fidelidade da gente negra às matrizes de uma cultura que se recusa a desaparecer.

Parte IV
OS CANTOS DE TRABALHO DOS NEGROS DO CAMPO E DAS CIDADES

O fato de na África Ocidental todos os atos do dia a dia regerem-se por vontade sobrenatural, o que subordinava os homens a constantes encantamentos e sortilégios, levou os africanos a desenvolverem um complexo ritual de vida que exigia, para praticamente cada ação desempenhada, uma invocação especial, através de cantos ou danças. Além dos cantos e danças próprios das cerimônias religiosas em si, havia os que marcavam momentos particulares da vida dos homens e mulheres (nascimento, puberdade, casamento, morte), da comunidade em geral (cataclismos, lutas de guerra, vitórias, caçadas, confraternizações) e, naturalmente, um repertório ainda maior de canções propiciatórias, entre as quais se contavam as canções de trabalho. E, assim, como a divisão do trabalho se fazia em benefício da comunidade e não para a acumulação dos bens obtidos em mãos de determinadas pessoas (a própria terra em que se plantava era comum), cada qual se empenhava pessoalmente no sucesso da tarefa que lhe competia, o que o colocava na dependência dos bons augúrios da entidade sobrenatural responsável por sua atividade. A consequência natural disso é que se criavam cantos propiciatórios para obter chuva no tempo certo, para a terra não secar, para a semente crescer, para haver abundância da messe, para a boa colheita das espigas, para o descascamento dos grãos, assim como havia para a caça, a pesca e todas as demais atividades da comunidade.

Ao caírem escravos em sua terra, como resultado das lutas comuns entre nações rivais, os africanos não precisavam alterar seu comportamento porque, integrados à vida de outra nação em sua nova qualidade de cativos (o regime era regulado por costumes ancestrais), permaneciam dentro de seu universo cultural comum, uma vez que os princípios religiosos (com exceção da área islâmica) eram os mesmos, só divergindo nos ritos regionais.

Pois essa continuidade histórica da relação mágica ancestral com a natureza ia ser rompida com a mudança para o trabalho escravo destinado à produção comercial capitalista, introduzido pelos comerciantes-conquistadores portugueses a partir do século XV.

Transportados para as possessões portuguesas e espanholas — e logo holandesas, inglesas e francesas nas Américas —, os negros africanos, transformados em trabalhadores de engenhos, minas e fazendas no Brasil, de minas e *ganaderías* nas colônias espanholas e de *plantations* no sul dos Estados Unidos, viam romper-se os laços familiares em que repousava a sua antiga estrutura de vida comunitária. E, separados irmãos, maridos, mulheres e filhos, cada um se via reduzido à condição de trabalhador isolado dentro de uma divisão de tarefas que quase sempre nada tinha a ver com sua atividade anterior.

É possível que, nos primeiros tempos, cada nova leva de africanos recém-chegados ainda tentasse salvar — como fizeram na área da religião — os restos de sua cultura e seus costumes desarticulados, continuando todos a lembrar suas canções originais enquanto trabalhavam. A nova realidade, porém, tenderia a tornar essa teimosia sem sentido, como muito bem mostraria para o caso norte-americano o escritor LeRoi Jones.

"A canção de trabalho adquiriu suas próprias qualidades distintas na América, por uma série de motivos. Em primeiro lugar, embora o canto para acompanhar o trabalho do homem fosse uma coisa de todo comum na África Ocidental, torna-se óbvio que o trabalho em terra própria se mostra coisa bem diferente do trabalho forçado numa terra alheia e estrangeira. E a despeito a insistência física necessária para sugerir uma canção de trabalho ainda se encontrar presente, as referências acompanhantes do trabalho haviam se transformado radicalmente. A maioria dos africanos ocidentais era composta de lavradores, e tenho a certeza de que essas canções agrícolas poderiam ter sido usadas nas terras do Novo Mundo do mesmo modo que no Velho. Mas a letra de uma canção onde se dizia que 'Depois de plantar, se os deuses fizerem chover/ Minha família, meus ancestrais, serão ricos tanto quanto são belos' não poderia aplicar-se nas circunstâncias horríveis da escravidão".[1]

A consequência desse divórcio entre a tradição africana e as inesperadas condições de trabalho impostas pelos colonizadores levou os escravos a uma espécie de adaptação de seu antigo costume: ao invés de se dirigirem aos poderes ocultos na natureza, passaram a usar os versos de seus cantos para conversar entre si enquanto trabalhavam, o que descobriram ser possível fazer através não apenas do emprego de seu quase dialeto, composto pela mistura de português com palavras africanas, mas da inteligente ocultação do sentido do que diziam pelo jogo metafórico das imagens. Esse hermetismo só inteligível para os participantes da cultura do grupo, únicos possuidores da chave para a decifração do duplo

---

[1] LeRoi Jones, *O jazz e sua influência na cultura americana*, São Paulo, Record, 1967, p. 38. A tradução, além de primária, como se depreende pela citação, peca desde a versão do título, pois o original diz *Blues People: Negro Music in White America*, o que desde logo revela uma sutileza do autor: o *blues*, gênero de música criada pelo negro norte-americano, tem esse nome por envolver a ideia de uma certa tristeza nostálgica (no Brasil conhecida pelo nome africano de *banzo*). LeRoi Jones (que, aliás, dedicava o livro "A meus pais, primeiros negros que conheci") queria dizer certamente com seu título: "A triste gente do blues: música negra na América dos brancos". A "má tradução" talvez se explique pelo fato de o livro ter saído no Brasil dentro de uma série que — era voz corrente na década de 1960 — recebia o velado patrocínio da Embaixada dos Estados Unidos.

sentido de certos versos, os escravos viriam, já no século XIX, a chamar de *fundamento*. E sem essa chave ninguém conseguia, ainda na segunda década do século XX, penetrar o sentido dos pontos de jongo ou dos cantos que os negros mineiros da decadente zona de mineração de Diamantina chamavam de *vissungos*.

A par dessa invenção sonora que se integrava, por outro lado, ao costume africano das adivinhas,[2] os escravos africanos e seus descendentes crioulos iam desenvolver ainda uma grande variedade de cantos de trabalho de tipo universal, ou seja, as pequenas expressões repetidas ou os versos que os trabalhadores entoavam em coro para concentrar forças ou dar cadência a gestos coletivos.

Infelizmente para a conservação da memória musical das criações de tal herança africana e negro-brasileira, porém, só restam desses cantos de trabalho as poucas referências em crônicas e documentos do século XVIII, em impressões deixadas por viajantes estrangeiros do século XIX e nos versos registrados por cronistas e folcloristas já no século XX. Com uma única exceção em termos de pesquisa sistemática de algumas sobrevivências: a notação das melodias dos vissungos dos negros mineiros de São João da Chapada, realizada a partir de 1928 por Aires da Mata Machado Filho e só reproduzida em livro em 1943.

Tal como já se viu, malgrado todo o rigor do sistema do cativeiro, sempre foi dada aos trabalhadores escravos de lavoura e dos engenhos a oportunidade de cantar e dançar, até por esperteza do colonizador. Como ponderava em inícios do século XVIII o sensato André João Antonil em sua *Cultura e opulência do Brasil por suas drogas e minas*, "negar-lhes totalmente os seus folguedos, que são o único alívio do seu cativeiro, é querê-los descon-

---

[2] Segundo Maurice Delafosse, na pequena antologia do pensamento africano intitulada *L'âme negre* (Paris, Payot, 1928), Moussa Travélé dá, em seu *Proverbes et contes bambara* (Paris, 1922), o seguinte exemplo dessa diversão africana: "Trata-se de um menino que tão logo sai do quarto de dormir todo mundo vê — O sol".

solados, e melancólicos, de pouca vida, e saúde". E a primeira prova de que essa permissão aos escravos entoarem seus cantos se estendia aos momentos do trabalho no campo aparece numa passagem do *Peregrino da América*, de Nuno Marques Pereira, cujas andanças pelos engenhos do Recôncavo Baiano — onde teria visto as cenas que reproduz — remontavam com segurança a fins do século XVII:

"Tendo caminhado naquele dia até quase às quatro da tarde, ouvi perto da estrada, por onde se descia a um vale, a música pastoril dos pretos, que parecia se estavam suavizando do jugo do trabalho".[3]

O peregrino moralista, aliás, supôs inicialmente "que não estariam em tal ocupação" por se tratar de domingo, dia em que — por recomendação expressa das próprias autoridades — os senhores deviam dar folga aos escravos, mas logo comprovou que se havia enganado, pois "daí a pouco", como acrescentava, "avistei doze escravos, entre machos e fêmeas, todos trabalhando em uma lavoura, na ocupação de cavar".[4]

E o curioso é que, quando logo a seguir, em conversa com o dono da fazenda, o peregrino lhe recrimina aquela quebra dos preceitos da Igreja, o proprietário justifica-se dizendo que estendia o trabalho aos domingos porque os escravos, com a desculpa de irem à missa, saíam à procura de colegas em outras fazendas para organizar folguedos e calundus, quando não se embriagavam e faziam "várias brigas, desaquizados e travessuras".

Assim, que poderiam cantar tais escravos africanos e crioulos enquanto eram obrigados a trabalhar para o senhor até nos dias reservados pelo próprio calendário da Igreja a seu descan-

---

[3] Nuno Marques Pereira, *Compêndio narrativo do peregrino da América*, 6ª ed., Rio de Janeiro, Academia Brasileira de Letras, v. 1, p. 150.

[4] Nuno Marques Pereira, *op. cit.*, p. 150.

so? Por certo não seriam mais por aqueles inícios do século XVIII as canções propiciatórias de sua terra, mas alguns daqueles pequenos comentários em código ainda cultivados no século seguinte por ex-escravos, não apenas no estilo dos vissungos das roças e catas descritos por Aires da Mata, mas nos pontos de jongo, em tudo semelhantes no estilo e na intenção. E isso conforme comprova o ponto recolhido pela professora Angélica Resende em 1899, na fazenda São Francisco, no interior de São Paulo:

> solo) "Na fazenda da Cachoeira,
> Tem cabrito, tem boiada,
> Tem carneiro, tem porcada,
> Urubu tá comendo foia...
> coro) Lá, lá, ri, lá, lá, ilê...
> solo) Urubu tá comendo foia..." (bis).

Ponto para o qual D. Angélica Resende obteve a seguinte explicação: o dono da fazenda Cachoeira, apesar de muito rico ("Tem cabrito, tem boiada"), só dava aos seus trabalhadores couve para comer. Ora, negro comendo couve era o urubu comendo folha.

Nesse exemplo, a resposta em coro do grupo que tem o solista como centro limita-se a um "lá, lá, ri, lá, lá, ilê...", mas, como alguns dos vissungos recolhidos na zona mineira de Diamantina deixam perceber, nessas conversas cantadas durante o trabalho podiam às vezes desenvolver-se verdadeiros diálogos a distância. Um exemplo é fornecido por um "canto da manhã" (havia também os de meio-dia, lembrando a hora do almoço, e os de caminho, para a marcha de volta do trabalho), incluído no livro O *negro e o garimpo em Minas Gerais*. Segundo Aires da Mata dá a entender, como o trabalho começava ainda escuro, antes do sol nascer, o cantador solista rompia o silêncio cantando: "Purrú! Acoêto?", ao que a turma respondia: "Caveia?", diálogo que seu informante traduziu como: "Olá, companheiros", seguido da resposta: "Que é lá?" (valendo *caveiá* por: "Quem vem lá?"), mas que poderia não ser tão simples assim: *purrú* poderia ser corruptela de *eparrêi*, que por sua vez viria da saudação a Iansã *epahe*! (a pronúncia aspirada do *h* medial explicando os dois *rr* de *eparrêi*), ficando o "olá" para o *acoêto*, por conter o som da expressão iorubá *a kú* (salve!). E depois dessas saudações cantavam:

"Galo já cantou, rê, rê,
Cristo nasceu.
Dia amanheceu,
Galo já cantou.

Galo já cantou, rê, rê,
Cacariacô.
Cristo no céu.
Galo já cantou."[5]

Para remate desse cântico ao surgir do sol ("Cristo nasceu"), na hora em que o galo cocorocou ("cacariacô"), vinham os versos do poético coral:

"Ai! Senhê!
Ai! Senhê!
Dô imbanda...
Fura buraquim, Senhê...",

o que seria assim traduzido para Aires da Mata: "O cantador pede então a lua, que está brilhando no céu, para 'furar o buraquinho' do dia". Se a palavra *imbanda* do terceiro verso referia-se realmente a feiticeiro (do quimbundo *mbanda*) — porque tam-

---

[5] *Apud* Aires da Mata Machado Filho, *O negro e o garimpo em Minas Gerais*, Rio de Janeiro, José Olympio, 1953, p. 70.

bém poderia vir do lundês *mi-n'banda*, ou seja, senhora —, então a imagem é preciosa porque, para fazer sair o sol, a lua, como uma feiticeira do espaço, teria que furar com seu poder mágico um buraquinho no escuro do céu para que brotasse a luz. Esses cantos de trabalho dos negros mineradores, herdeiros, à época da pesquisa, de mais de um século de tradição musical na região, não se restringiam porém a saudações à natureza, mas incluíam versos sugeridos pela dureza do regime de trabalho:

"solo) Ei ê lambá,
quero me cabá no sumidô
quero me cabá no sumidô
lamba de 20 dia
ei lambá,
quero me cabá no sumidô —

coro) Ei ererê

(O negro queixa-se do serviço duro (lambá) e pede a morte)".[6]

Tais cantos originalmente ligados ao trabalho rural, nos eitos e nas áreas de mineração (onde chegariam ao século XX nesses chamados vissungos de Minas), iam praticamente desaparecer ante as mudanças de composição étnica provocadas no campo pelo advento do trabalho livre, principalmente após a chegada das levas de imigrantes estrangeiros na segunda metade do século XIX. Nas cidades, porém, onde a divisão do trabalho continuou a reservar para os escravos e seus descendentes crioulos os serviços mais humildes, sujos e pesados, um outro tipo de canto menos bucólico ia ser cultivado a partir do século XVIII, florescendo durante todo o século XIX e chegando mesmo, em algumas capitais, à década de 1930, como marca característica de certas

---

[6] Aires da Mata Machado Filho, *op. cit.*, p. 90.

profissões. Era o canto ritmado, que se destinava a manter a cadência dos carregadores do pesado.

A mais antiga referência a um desses cantos de trabalho negro-urbanos no Brasil é a que se encontra no livro de impressões da América, Ásia e África do pastor protestante alemão F. L. Langstedt, que visitou o Rio de Janeiro em 1782, e cuja primeira tradução completa da parte referente ao Brasil foi publicada apenas em 1973, na *Revista do Instituto Histórico e Geográfico Brasileiro*, sob a assinatura de Carlos H. Oberacker Jr. No capítulo "Descrição pormenorizada da cidade do Rio de Janeiro" (que Afonso Taunay aproveitou para sua série de crônicas sobre os viajantes reunidas no livro *O Rio de Janeiro no tempo dos vice-reis*, mas de forma muito resumida), o alemão, após dizer ter visto negros tocando cornetas em canoas, na Baía de Guanabara, assim se referia aos carregadores do pesado do Rio:

"Quando carregam água e produtos da terra em companhia de outros sobre a cabeça tentam encorajar--se mutuamente por meio de um canto selvagem mui monótono que muito ofende o ouvido do europeu".[7]

É conhecida referência anterior, de 1748, em relato sobre as festas populares em regozijo pela chegada do primeiro bispo das Minas à cidade de Mariana (até 1745 chamada Vila do Ribeirão do Carmo), quando negros vieram dos povoados vizinhos carregando feixes de lenha com "cantos a seu modo". Pelo tom da descrição no *Aureo Throno Episcopal collocado nas Minas do Ouro*, que Francisco Ribeiro da Silva fez editar em 1749, em Lisboa,

---

[7] F. L. Langstedt, *Viagens à América do Sul, Ásia e África, além de anotações geográficas, históricas e referentes ao comércio*, capítulo "Descrição pormenorizada da cidade do Rio de Janeiro" (pp. 67-79 da 1ª edição de Hildesheim, Alemanha, 1789), traduzido por Carlos H. Oberacker Jr., *Revista do Instituto Histórico e Geográfico Brasileiro*, Rio de Janeiro, Imprensa Nacional, abr./jun. 1973, v. 299.

porém, conclui-se não se tratar propriamente de cantos destinados a cadenciar a marcha dos carregadores, mas cantorias alegres dos reverentes negros que chegavam caminhando em alas, com acompanhamento de música:

"E he para admirar o concurso que se ajunta a cada repartiçao entrando pela Cidade formados em duas alas, com bandeiras, tambores, instrumentos, e cantos a seu modo, e se encaminhão ao Palacio de S. Excelencia, e em hum pateo largão a lenha, que em grande quantidade tem conduzido...".[8]

As informações mais objetivas e diretas sobre as cantorias dos trabalhadores negros no Brasil tornaram-se mais frequentes, em verdade, apenas a partir do início do século XIX, quando a antiga colônia e vice-reinado, ante a elevação do príncipe regente D. João a rei, em 1816, com o título de D. João VI, passa a contar, no Rio de Janeiro, com um núcleo urbano comparável, pela diversificação social, às modernas cidades europeias. E, de fato, em 1819, dois alemães — atraídos exatamente pela esperança de enriquecimento naquele novo grande centro das Américas — iam chegar juntos ao Rio de Janeiro para espantar-se, entre outros exotismos, com o espetáculo dos negros carregadores. Tratava-se do capitão de cavalaria Theodor Von Leithold (por sinal cunhado de Silveira Pinheiro, conselheiro de D. João VI) e de seu sobrinho Ludwig Von Rango, cuja mãe, residente no Rio, não via desde 1807.

Embora tio e sobrinho tivessem permanecido no Rio apenas quatro meses, de outubro de 1819 a fevereiro de 1820, não deixou cada um deles de escrever suas impressões sobre a capital do Brasil, o que resultou na edição de dois livros no mesmo ano de

---

[8] Francisco Ribeiro da Silva, *Aureo Throno Episcopal collocado nas Minas do Ouro*, Lisboa, 1799, p. 84.

1820: o *Minha excursão ao Brasil ou Viagem de Berlim ao Rio de Janeiro e volta*, de Theodor Von Leithold, o tio, e o *Diário de minha viagem até o Rio de Janeiro no Brasil e volta nos anos de 1819 e 1820*, de Ludwig Von Rango, o sobrinho. Na descrição do capitão Theodor Von Leithold é ressaltado, desde logo, o verdadeiro sentido do canto de trabalho dos negros, pois ao ouvir-lhes a cantoria com as cargas à cabeça, lembrou-se logo do coro dos lenhadores da Alemanha:

"Esses escravos negros são extremamente ágeis e robustos. Podem carregar pesos incríveis sobre a cabeça. Quanto mais pesado parece ser o trabalho, mais selvagemente se põem a cantar, como se sua força fosse estimulada pelo coro, a igual dos nossos [alemães] lenhadores. Seu instrumento consiste numa gaita presa a uma tábua em que estão esticadas duas cordas, que eles tocam caminhando ou reunidos à porta de uma venda para dançar ao som do mesmo".[9]

A importância do pequeno quadro fixado por Leithold, no entanto, está no fato de indicar que o instrumento usado pelos negros carregadores para acompanhar seu canto de estímulo durante o trabalho — uma tosca marimba, segundo a imprecisa descrição — servia também para animar seus momentos de ócio à porta das tavernas, pois ali os viu tocando e dançando "ao som do mesmo":

"Passando eu certa vez por uma dessas vendas, vi um grupo de negros e negras a dançarem indecente-

---

[9] Theodor Von Leithold, *Minha excursão ao Brasil ou Viagem de Berlim ao Rio de Janeiro e volta*. In: *O Rio de Janeiro visto por dois prussianos em 1819 — T. Von Leithold e L. Von Rango*, tradução de Joaquim de Souza Leão Filho, São Paulo, Cia. Editora Nacional, 1966, p. 34 (Série Brasiliana, 328).

mente com grande gritaria e gesticulação. Ao grupo juntou-se outro negro, grisalho, que carregava um fardo pesado à cabeça, e se pôs a dançar um bom quarto de hora sem largar sequer o pêso, para meu espanto. Os primeiros se entusiasmaram tanto com o velho que o cercaram e, dançando aos gritos, deram umas quantas voltas em torno dele".[10]

Com visão menos aberta e despreconceituosa, o sobrinho do capitão, o por certo mais jovem Ludwig Von Rango, completa ainda assim, na "Vigésima segunda carta" de seu livro, escrita do Rio de Janeiro na véspera do Natal de 1819:

"As ruas estreitas, mas regularmente traçadas, andam cheias de negros, que à força de incríveis pauladas são levados a carregar à cabeça sem maior esforço os maiores pesos e cumprem toda a sorte de tarefas. Nenhum branco passa pela vergonha de carregar na rua um pacote por menor que seja, pois correria o risco de se ver perseguido por um bando de negros a vaiá-lo. Em tudo o que fazem, principalmente quando carregam fardos pesados, os negros se estimulam uns aos outros, cantando de modo repulsivo e barulhento, e infestam as ruas com sua forte transpiração que exala um cheiro pronunciado e doce, tanto mais desagradável no calor".[11]

---

[10] Theodor Von Leithold, *op. cit.*, p. 34.

[11] Ludwig Von Rango, *Diário de minha viagem até o Rio de Janeiro no Brasil e volta nos anos de 1819 e 1820*. In: *O Rio de Janeiro visto por dois prussianos em 1819 — T. Von Leithold e L. Von Rango*, tradução de Joaquim de Souza Leão Filho, São Paulo, Cia. Editora Nacional, 1966, p. 147 (Série Brasiliana, 328).

Apesar de contribuírem com essas boas indicações para a compreensão do cenário urbano em que os escravos africanos e crioulos de inícios do século XIX exercitavam o seu canto de trabalho, nenhum dos dois visitantes alemães teve o cuidado de aprofundar um pouco mais a compreensão do que lhes era dado ver e ouvir, principalmente na parte musical. Muito mais interessado e compreensivo seria, em 1837, o missionário metodista norte-americano Daniel Parish Kidder, enviado ao Brasil para fazer propaganda da Bíblia e de cuja estada no país, até 1842, resultariam dois livros: o primeiro publicado em Filadélfia, em 1845, com o título de Sketches of Residence and Travels in Brazil, e o segundo em 1857, em parceria com outro missionário, James Cooley Fletcher, que também esteve no Brasil duas vezes, entre 1851 e 1856.

Em seu primeiro livro, ao descrever a correria dos carregadores de sacas de café nas proximidades da Alfândega do Rio de Janeiro, em 1837 ("Os carregadores de café andam geralmente em magotes de dez ou vinte negros sob a direção de um que se intitula capitão"), o reverendo Kidder anotava que cada saco transportado à cabeça pesava 102 libras, ou seja, 73 quilos, e descrevia:

> "Sendo suficiente apenas uma das mãos para equilibrar o saco, muitos deles levam, na outra, instrumentos parecidos com chocalhos de criança, que sacodem marcando o ritmo de alguma canção selvagem de suas pátrias distantes".

E acrescentava:

> "A música tem, em elevado grau, a faculdade de espairecer o espírito dos negros, e naturalmente que ninguém lhes pretenderia negar o direito de suavizar sua dura sorte cantando essas toadas que lhes são tão caras quão desagradáveis aos ouvidos dos outros. Consta que certa vez se pretendeu proibir que os negros can-

tassem [enquanto trabalhavam, segundo subentendido] para não perturbar o sossego público. Diminuiu, porém, de tal forma a sua capacidade de trabalho que a medida foi logo suspensa. Em compensação exibem agora seus dotes vocais cantando e gritando de um para o outro enquanto trotam, ou apregoando os artigos que oferecem à venda. Não é fácil ao forasteiro esquecer a impressão que lhe causa o alarido confuso de centenas de vozes simultâneas".[12]

Como o reverendo Kidder permite concluir, ao observar que os negros "trotavam" — ou seja, caminhavam em ritmo apressado, marcando a cadência com os pés —, "cantando e gritando de um para o outro", é evidente que suas cantorias repousavam no jogo responsorial do solo e refrão, tão particular, aliás, do estilo africano de cantar. E isso ficaria claro quando, em seu segundo livro, de 1857 — certamente por colaboração do parceiro Fletcher —, essa mesma descrição aparece acrescentada de importante pormenor antes omitido:

"Acima de toda a confusão da rua Direita [hoje 1º de Março] ouvimos um coro ostentório de vozes respondendo num compasso apressado ao estribilho de uma cantiga. E vimos, por sobre as cabeças da multidão, uma fila de sacos brancos correndo e dando a volta na esquina da rua da Alfândega".[13]

---

[12] Daniel Parish Kidder, *Reminiscências de viagens e permanência no Brasil (Rio de Janeiro e província de São Paulo)*, tradução de Moacyr N. Vasconcelos, São Paulo, Martins, 1940, p. 47.

[13] Daniel Parish Kidder e James Cooley Fletcher, *O Brasil e os brasileiros* [*Brazil and Brazilians: Portrayed in Historical and Descriptive Sketches*], 2 v., traduzido por Edgard Sussekind de Mendonça, São Paulo, Cia. Editora Nacional, 1941, v. 1, p. 22. Outro adendo certamente de Fletcher é a ob-

Aí estava a confirmação da hipótese anterior, nessa indicação das respostas ao estribilho fixo entoado em coro, o que era desde logo acrescido de outra revelação: se o compasso em que cantavam era apressado, então o canto de estilo solo-refrão por certo teria alguma coisa de marcha. Tal característica do canto de improviso, dialogado em marcha, dos negros carregadores das cidades brasileiras, aliás, ia ser encontrada pela mesma época, na Bahia, por um jovem vice-cônsul britânico residente em Salvador de 1842 a 1857, James Wetherell. Bom observador, e possuidor de rara objetividade e ausência de preconceitos (e, neste sentido, em tudo oposto, nos seus 21 anos, ao igualmente jovem sobrinho do capitão Leithold no Rio de Janeiro), o inglês James Wetherell chegou à minúcia de perceber que, entre os carregadores da Bahia, enquanto o coro repetia antigos improvisos já consagrados (como acontece hoje nas rodas de partido alto, em que partideiros sem criatividade apenas encaixam quadras decoradas), era o solista quem criava versos na hora, baseado em observações do momento. É o que se depreende quando o jovem diplomata, após informar ter visto "muitas vezes grupos de mais de trinta pretos subindo para a cidade alta e carregando dessa maneira [pelo sistema de varais aos ombros] enormes peças de madeira, lembrando de longe uma centopeia gigantesca", acrescentava:

> "Ao carregar esses fardos pesadíssimos, através das ruas, os pretos cantam uma espécie de coro, que não deixa de ser uma maneira muito útil de prevenir o transeunte para que saia da frente, já que, em meio aos numerosos ruídos da cidade, a chegada dessa co-

---

servação interpolada ao texto anterior de Kidder de que "os negros carregadores de pianos e louças de barro frequentemente trazem na mão um instrumento de música semelhante a uma matraca de criança [tratava-se de ganzás], que sacodem no compasso duplo [seria o 2/4] de alguma canção rústica da Etiópia" (p. 22).

luna é quase sempre uma surpresa. Esse coro funciona em geral da seguinte maneira: um dos pretos canta contando alguma coisa que ele acaba de ver, os outros então respondem com uma série de comentários burlescos, quase sempre os mesmos e raramente associados ao comentário sempre mais variado do solista. Assim, vai se compondo uma espécie de marcha que acompanha o compasso dos carregadores".[14]

Quanto à impressão que tais cantilenas produziam aos ouvidos pouco afeitos dos estrangeiros às características específicas da música africana, podia ser avaliada pelos dois adjetivos mais empregados por eles em suas anotações: "monótonas" e "bárbaras". Havia, porém, quem não pensasse assim, como seria o caso do príncipe alemão Paulo Alexandre de Wuertemberg que, de passagem pela Bahia em março de 1853, escreveria encantado com a cantoria dos negros carregadores de Salvador:

"Quer descendo, quer subindo, vencendo encostas íngremes e caminhos pedregosos — cantam! cantam sempre, durante toda a marcha. Acho até que esses homens singelos cantam muito bem canções africanas e melodias de outra origem, cadenciadas em trechos rítmicos, e de caráter musical verdadeiramente interessante".[15]

Como regra geral, pois, os visitantes estrangeiros das cidades brasileiras do século XIX ou não puderam compreender o que

---

[14] James Wetherell, *Brasil: apontamentos sobre a Bahia*, tradução de Miguel P. do Rio Branco, Salvador, Banco da Bahia, 1972, p. 62.

[15] Príncipe Paulo Alexandre de Wuertemberg, "Viagem do Príncipe Paulo Alexandre de Wuertemberg à América do Sul", *Revista do Instituto Histórico e Geográfico Brasileiro*, tradução de Lina Hirsh, Rio de Janeiro, 1939, v. 171 (referente a 1936), p. 9.

ouviam (a maior parte deles por preconceito cultural, como se viu), ou limitaram-se a ressaltar, nos cantos dos trabalhadores escravos africanos e crioulos, apenas o pormenor do uso do chocalho ("ao som do qual seus companheiros vão cantando atrás dele", como escreveria Thomas Ewbank no Rio de Janeiro, em 1846),[16] ou da impressão dolente da toada ("e lá se vão ao som cadenciado de uma canção breve e triste", como registrou em 1858 o francês Charles Ribeyrolles).[17]

Ainda assim, foi da curiosidade desses viajantes, transformados em cronistas da vida social brasileira, que restaram os poucos dados sobre essa perdida memória da música e dos cantos dos trabalhadores urbanos do pesado, africanos e seus descendentes crioulos no Brasil: canto em diálogo estrofe-refrão, acompanhamento quase sempre marcado pelo ritmo dos chocalhos brandidos em consonância com o bater dos pés, em cadência de marcha seguramente no tempo de 2/4.

E se essas ralas informações não se mostram suficientes para a recomposição das melodias e ritmos que ninguém se lembrou de anotar no pentagrama, permitiriam ao menos saber pelo simpático parisiense L. Biard que, em 1858, as vozes negras formavam "um canto gutural, por vezes, em que uma ou duas sílabas eram repetidas"[18] — "repetem as mesmas palavras ao infinito", confirmava o também francês Max Radiguet em 1844[19] — e, através do atento alemão Robert Avé-Lallemant, como os escra-

---

[16] Thomas Ewbank, *A vida no Brasil ou Diário de uma visita ao país do cacau e das palmeiras*, tradução de Homero de Castro Jobim, Rio de Janeiro, Conquista, 1973, v. 1, p. 120.

[17] Charles Ribeyrolles, *Brasil pitoresco*, tradução de Gastão Penalva, São Paulo, Martins, 1941, v. 1, p. 167.

[18] L. Biard, *Dois anos no Brasil*, tradução de Mário Sette, São Paulo, Cia. Editora Nacional, 1945, p. 49 (Série Brasiliana, 244).

[19] Max Radiguet, *Souvenirs de L'Amérique Espagnole: Chili, Pérou, Brésil*, Paris, Librairie Nouvelle, 1874, p. 255.

vos da Bahia conseguiam, em 1859, transformar a dureza de seu trabalho em momentos de beleza:

> "O que mais chamou nossa atenção, nesse belo desenvolvimento dos músculos, foi a grande mobilidade das juntas, que imprime mesmo aos trabalhos mais pesados algo de gracioso. Carregar um pêso é quase uma dança; o ritmo da marcha nesse trabalho é quase como o de um cortejo sálio".[20]

---

[20] Robert Avé-Lallemant, *Viagem pelo norte do Brasil no ano de 1859*, traduzido do alemão por Eduardo de Lima Castro, Rio de Janeiro, Instituto Nacional do Livro, 1959, v. 1, p. 21.

REFERÊNCIAS BIBLIOGRÁFICAS

OBRAS-REPOSITÓRIO: livros, estudos, periódicos e artigos que incluem transcrições de documentos de interesse para a história dos ritmos, danças, cantos e folguedos introduzidos ou criados pelos africanos e seus descendentes crioulos no Brasil.

ANAIS DO IV CONGRESSO DE HISTÓRIA NACIONAL. Rio de Janeiro, Imprensa Nacional, 1950, v. 7.

ARQUIVOS. Recife, Divisão de Documentação e Cultura, 1951, n° 1/2, 1945-1951.

BARROCO — Revista de Ensaio e Pesquisa. Belo Horizonte, Universidade Federal de Minas Gerais/Centro de Estudos Mineiros, n° 1, 1969; n° 11, 1980-1981.

CARRATO, José Ferreira. "A crise dos costumes nas Minas Gerais do século XVIII". Separata da *Revista de Letras* da Faculdade de Filosofia, Ciências e Letras de Assis, 1962, v. 3.

COMUNIDADES PORTUGUESAS — Revista Trimestral da União das Comunidades de Cultura Portuguesa, n° 4, out. 1966.

COSTA, Pereira da. *Anais pernambucanos*, 2ª ed. Recife: Governo de Pernambuco/Fundarpe, 1983, 10 v.

_____. "Folclore pernambucano". *Revista do Instituto Histórico e Geográfico Brasileiro*, Rio de Janeiro, 1908, t. 20, part. 2.

DIAS, Carlos Malheiros (org.). *História da colonização portuguesa no Brasil*. Porto: Edição monumental comemorativa do I Centenário da Independência do Brasil, 1924-1926, 3 v.

DOCUMENTOS HISTÓRICOS. Rio de Janeiro, Biblioteca Nacional, v. 37/38.

Informações e fragmentos históricos do padre Joseph de Anchieta, S.J. (1584-1586). Rio de Janeiro: Imprensa Nacional, 1886.

LEITE, Serafim (org.). *Cartas dos primeiros jesuítas do Brasil*. São Paulo: Comissão do IV Centenário da Cidade de São Paulo, v. 1, 1538-1553; v. 2, 1553-1558; v. 3, 1558-1563.

PINHO, Wanderley. "Aspectos da história social da cidade, 1549-1650". In: *História social da cidade do Salvador*. Salvador: Publicação comemorativa do IV Centenário da Fundação da Cidade/Prefeitura Municipal de Salvador, 1968, t. 1.

PINTO, Manuel de Sousa. "O lundum avô do fado". *Revista Ilustração*, Lisboa, 6 (141), nov. 1931.

FOLHETOS E JORNAIS

O Carapuceiro. Jornal escrito e editado pelo padre Lopes Gama no Recife de 1832 e 1942. Edição fac-similar dos 427 números promovida pela Fundação de Cultura do Recife, em três volumes, em 1983.

Relaçam curiosa de varias cantiguas em despedidas, da Corte para o dezerto. Folheto de cordel de oito páginas, sem indicação de oficina editora ou data, mas com características gráficas de edição portuguesa de meados do século XVIII.

Relação da fofa que veyo agora da Bahia, e o fandango de Sevilha, applaudido pelo melhor som, que ha para diver-tir malancolias e o cuco do amor vindo do Brasil por folar, para quem quizer comer. Tudo decifirado, no Academia dos Estremozos, por C.M.M.B., Catalumna: en la Imprenta de Francisco Guevaiz. Único exemplar conhecido no acervo da Seção de Música da Biblioteca Nacional, Rio de Janeiro.

SILVA, Francisco Ribeiro da. *Aureo Throno Episcopal collocado nas Minas do Ouro*. Lisboa, 1799.

DICIONÁRIOS E GRAMÁTICAS

CASCUDO, Luís da Câmara. *Dicionário do folclore brasileiro*. Rio de Janeiro: Instituto Nacional do Livro, 1954.

MATTA, Cordeiro da. *Ensaio de dicionário kimbundu-português*. Lisboa, 1893.

QUINTÃO, José L. (org.). *Gramática de kimbundo*. Lisboa: Descobrimento, 1934.

CANNECATIM, Frei Bernardo Maria de. *Observações gramaticais sobre a língua bunda ou angolense e dicionário abreviado da língua conguesa*, 2ª ed. Lisboa: Imprensa Nacional, 1859.

COSTA, F. A. Pereira da. *Vocabulário pernambucano*, 2ª ed. Recife: Secretaria de Educação e Cultura, 1976.

DISCOS

Modinhas do Brazil. LP com gravação por dois sopranos, cravo e violão, de onze das composições — modinhas, cantigas e lundus — encontradas em caderno de música de fins do século XVIII, relacionado no catálogo de manuscritos de música da Biblioteca da Ajuda, Portugal, sob número 1.596. Disco gravado em 1984 na Sala Vera Janacopulos da UNI-Rio e distribuído como brinde sob a chancela da universidade e da firma Projeto Arquitetura e Construção.

BIBLIOGRAFIA GERAL

ALENCAR, José de. *Til*. Rio de Janeiro: Oficinas Gráficas do Jornal do Brasil, 1929.

ALMEIDA, Manuel Antônio de. *Memórias de um sargento do milícias*. Rio de Janeiro: Imprensa Nacional, 1944.

ANDRADE, Mário de. *Modinhas imperiais*. São Paulo: Martins, 1964.

_____. *Música, doce música*. São Paulo: Martins, 1963.

ARARIPE JR., Tristão de Alencar. *Luizinha*. Rio de Janeiro: José Olympio, 1971.

ARAÚJO, Mozart de. *A modinha e a lundu no século XVIII*. São Paulo: Ricordi Brasileira, 1963.

AVÉ-LALLEMANT, Robert. *Viagem pelo norte do Brasil no ano de 1859*. Rio de Janeiro: Instituto Nacional do Livro, 1959.

BARLAEUS, Gaspar. *História dos feitos recentemente praticados durante oito anos no Brasil*. Recife: Fundação de Cultura Cidade do Recife, 1980.

BATALHA, Ladislau. *Costumes angolenses*. Lisboa, 1890.

BÉHAGUE, Gerard. "Biblioteca da Ajuda (Lisbon) MSS 1595/96: Two Eighteenth-Century Anonymous Collections of Modinhas". In: *Yearbook do Inter-American Institute for Musical Research*, 1968, v. 4, pp. 44-81.

BIARD, L. *Dois anos no Brasil*. Tradução de Mário Sette. São Paulo: Cia. Editora Nacional, 1945 (Série Brasiliana, 244).

BRASIL, Hebe Machado. "A música na cidade do Salvador, 1549-1900". *Complemento da história das artes na cidade do Salvador*. Salvador: Publicação comemorativa do IV Centenário da Cidade de Salvador, Prefeitura Municipal de Salvador, 1969.

BRÁSIO, Pe. Antônio. *Informação do Reino do Congo de Frei Raimundo de Dicomano*. Lisboa, Separata de *Studia — Revista Semestral*, n° 34, jun. 1972.

_____. *O problema da eleição e coroação dos reis do Congo*. Coimbra: Faculdade de Letras da Universidade de Coimbra, 1969.

BROCA, Brito. *Românticos, pré-românticos, ultrarromânticos: vida literária e romantismo brasileiro*. São Paulo: Polis INL/MEC, 1979. (Primeiro volume das obras de Brito Broca que inclui, das páginas 25 a 28, o texto do artigo "Um escritor exilado na Bahia em 1655", publicado pela primeira vez no suplemento "Letras e Artes" do jornal *A Manhã*, do Rio de Janeiro, em 9 de novembro de 1952.)

CALADO DO SALVADOR, Frei Manuel. *O valeroso Lucideno e triunfo da liberdade*, 4ª ed. Recife: Governo de Pernambuco/Fundarpe, 1985, 2 v.

CARDIM, Fernão. "Narrativa epistolar de uma viagem jesuítica". *Revista do Instituto Histórico e Geográfico Brasileiro*, Rio de Janeiro, 1902, t. 65.

_____. *Tratados da terra e gente do Brasil*, 2ª ed. São Paulo: Cia. Editora Nacional, 1939 (Série Brasiliana, 168).

CARNEIRO, Édison. *Samba de umbigada*. Rio de Janeiro: Campanha de Defesa do Folclore Brasileiro, 1961.

CAVAZZI DA MONTECÚCCOLO, Pe. Giovanni Antonio. *Istorica descritione de'tre regni Congo, Matamba et Angola, situati nell'Etiopia Inferiore Occidentale e delle Missioni Apostoliche esercitavi da Religiosi Capuccini*. Bolonha, 1687. (Traduzido pela primeira vez em dois volumes pelo padre Graciano Maria de Leguzzano sob o título de *Descrição histórica dos três reinos do Congo, Matamba e Angola*, Lisboa, 1965.)

CORDEIRO, Felisberto Inácio Januário, o Falmeno. *Obras poéticas de Falmeno, um dos redactores do Jornal Scientifico, Economico e Literario...* Rio de Janeiro: Typographia Imperial e Nacional, 1827, 2 t.

DALRYMPLE, Major William. *Travels through Spain and Portugal in 1774, with a short account of the Spanish Expedition against Algiers in 1775.* Londres, 1777.

DEBRET, Jean Baptiste. *Viagem pitoresca e histórica através do Brasil.* São Paulo: Martins, 1940, 2 v.

DELAFOSSE, Maurice. *L'âme negre.* Paris: Payot, 1928.

DORNAS FILHO, João. *A escravidão no Brasil.* Rio de Janeiro: Civilização Brasileira, 1939.

DUC DU CHÂTELET. *Voyage du Duc du Châtelet, en Portugal*, 2ª ed. Paris: F. Buisson, Imprimeur-Libraire, an IX (1801).

DUMOURIEZ. *État présent du Royaume de Portugal, en l'année MDCCLXVI.* Lausanne: François Graset & Cie., 1775.

FREIRE ALEMÃO. "Os manuscritos do botânico Freire Alemão". Rio de Janeiro, *Anais da Biblioteca Nacional*, 1961, v. 81.

FREYCINET, Louis Claude Desaulces de. *Voyage autour du monde... pendant les années 1817, 1818, 1819 et 1820.* Paris: Pillet Aîné, Imprimeur-Libraire, 1825.

GÂNDAVO, Pero de Magalhães de. *Tratado da província do Brasil.* Rio de Janeiro: Instituto Nacional do Livro, 1965.

GONZAGA, Tomás Antônio. *Cartas chilenas.* In: *Poesias.* Rio de Janeiro: Instituto Nacional do Livro, 1957, v. 1 (Série Obras Completas de Tomás Antônio Gonzaga).

JONES, LeRoi. *O jazz e sua influência na cultura americana.* São Paulo: Record, 1967.

KIDDER, Daniel Parish. *Reminiscências de viagens e permanência no Brasil: Rio de Janeiro e província de São Paulo.* Tradução de Moacyr N. Vasconcelos. São Paulo: Martins, 1940.

KIDDER, Daniel Parish; FLETCHER, James Cooley. *O Brasil e os brasileiros.* São Paulo: Cia. Editora Nacional, 1941, 2 v.

KOSTER, Henry. *Viagens ao norte do Brasil* [*Travels in Brazil*]. Tradução de Luís da Câmara Cascudo. São Paulo: Cia. Editora Nacional, 1942 (Série Brasiliana, 221).

LANGSTEDT, F. L. *Viagens à América do Sul, Ásia e África, além de anotações geográficas, históricas e referentes ao comércio.* (Capítulo "Descrição pormenorizada da cidade do Rio de Janeiro", traduzido da 1ª edição de Hildesheim, Alemanha, 1789, por Carlos H. Oberacker Jr., *Revista do Instituto Histórico e Geográfico Brasileiro*, Rio de Janeiro, Imprensa Nacional, abr./jun. 1973, v. 299.)

LEITHOLD, Theodor Von. *Minha excursão ao Brasil ou Viagem de Berlim ao Rio de Janeiro e volta.* In: *O Rio de Janeiro visto por dois prussianos em 1819 — T. Von Leithold e L. Von Rango.* Tradução de Joaquim de Souza Leão Filho. São Paulo: Cia. Editora Nacional, 1966 (Série Brasiliana, 328).

MACHADO FILHO, Aires da Mata. *O negro e o garimpo em Minas Gerais.* Rio do Janeiro: José Olympio, 1953.

MARCHANT, Alexander. *Do escambo à escravidão.* São Paulo: Cia. Editora Nacional, 1943 (Série Brasiliana, 225).

MATOS, Gregório de. *Obras completas de Gregório de Matos: Sacra, Lírica, Satírica, Burlesca.* Salvador: Janaína, 1969, 5 v.

MELLO, José A. Gonsalves de. "A situação do negro sob o domínio holandês". In: *Novos estudos afro-brasileiros.* Rio de Janeiro: Civilização Brasileira, 1937.

PAIVA, Manuel de Oliveira. *D. Guidinha do Poço.* São Paulo, Saraiva, 1952 (Coleção Romances do Brasil, 1).

PINHEIRO, Galdino Fernandes, o Galpi. *O Flor.* Rio de Janeiro: Tipografia de Leuzinger & Filhos, 1885.

PRESTAGE, Edgar. *D. Francisco Manuel de Melo: esboço biográfico.* Coimbra: Imprensa da Universidade, 1914.

PYRARD DE LAVAL, François. *Voyage de Francis Pyrard de Laval, contenant sa navigation aux Indes Orientales, Maldives, Moluques et au Brésil.* Paris, 1615.

RADIGUET, Max. *Souvenirs de l'Amérique Espagnole: Chili, Pérou, Brésil.* Paris: Librairie Nouvelle, 1874.

RANGO, Ludwig Von. *Diário de minha viagem até o Rio de Janeiro e volta nos anos de 1819 e 1820.* In: *O Rio de Janeiro visto por dois prussianos em 1819 — T. Von Leithold e L. Von Rango.* Tradução de Joaquim de Souza Leão Filho. São Paulo: Cia. Editora Nacional, 1966 (Série Brasiliana, 328).

RIBEIRO, Júlio. *A carne*, 16ª ed. Rio de Janeiro: Francisco Alves, 1940.

RIBEIRO, René. *Cultos afro-brasileiros do Recife.* Recife: Boletim do Instituto Joaquim Nabuco, 1952.

RIBEYROLLES, Charles. *Brasil pitoresco.* Tradução de Gastão Penalva. São Paulo: Martins, 1941.

SARMENTO, Alfredo de. *Os sertões d'África: apontamentos de viagem.* Lisboa: Editor-proprietário Francisco Arthur da Silva, 1880.

SOUSA, Gabriel Soares de. *Tratado descritivo do Brasil*. Rio do Janeiro: Revista do Instituto Histórico e Geográfico Brasileiro, 1851, t. 16.

TAUNAY, Afonso de E. *Subsídios para a história do tráfico africano no Brasil*. São Paulo: Imprensa Oficial do Estado, 1941.

TINHORÃO, José Ramos. *Os negros em Portugal: uma presença silenciosa*. Lisboa: Editorial Caminho, 1988.

_____. *Pequena história da música popular: da modinha à canção de protesto*. Petrópolis: Vozes, 1974. (5ª ed. revista e aumentada, sob o novo título do *Pequena história da música popular: da modinha ao tropicalismo*. São Paulo: Art Editora, 1986.)

_____. *O samba agora vai... A farsa do música popular no exterior*. Rio de Janeiro: JCM, 1969.

TOLLENARE, L. F. de. *Notas dominicais tomadas durante uma viagem em Portugal e no Brasil em 1816, 1817 e 1818*. Salvador: Progresso, 1956.

VARNHAGEN, Francisco Adolfo de. *História geral do Brasil*, 5ª ed. São Paulo: Melhoramentos, 1956.

WAGENER, Zacharias. *Zoobiblion — Livro de animais do Brasil*. São Paulo: Edgard de Cerqueira Falcão/Conselho Nacional de Pesquisas, 1964 (Série Brasiliensia Documenta, 5).

WALSH, Robert. *Notices of Brazil in 1828 and 1829*. Londres: Frederic Westley, and A. H. Davis Stationers' Hall Court, 1830.

WASHINGTON LUÍS. *Na Capitania de São Vicente*. São Paulo: Martins, 1956.

WEECH, Josef Friedrich Von. *Reise über England und Portugal nach Brasilien und den Vereinigten Staaten des Las=Plata=Stromes während 1823 bis 1827*. Munique, 1831.

WETHERELL, James. *Brasil: apontamentos sobre a Bahia*. Tradução de Miguel P. do Rio Branco. Salvador: Banco da Bahia, 1972.

WUERTEMBERG, Príncipe Paulo Alexandre de. "Viagem do Príncipe Paulo Alexandre de Wuertemberg à América do Sul". *Revista do Instituto Histórico e Geográfico Brasileiro*, tradução de Lina Hirsh, Rio de Janeiro, 1939, v. 171.

SOBRE O AUTOR

José Ramos Tinhorão nasceu em 1928 em Santos, São Paulo, mas criou-se no bairro de Botafogo, no Rio de Janeiro, onde teve suas primeiras impressões de coisas populares assistindo a rodas de pernada e sambas de improviso, na esquina da Rua São Clemente com Praia de Botafogo, em frente ao Bar Sport Carioca. Da primeira turma de Jornalismo do país, já colaborava no primeiro ano com a *Revista da Semana*, do Rio de Janeiro, e a *Revista Guaíra*, do Paraná, entre outros veículos, até ingressar no *Diário Carioca* em 1953, ano de sua formatura, onde permanece até 1958.

De 1958 a 1963, escreve para o *Jornal do Brasil*, começando em 1961 as famosas "Primeiras Lições de Samba". Na década de 1960, Tinhorão passa pela TV — Excelsior (despedido em 1º de abril de 1964, quando da tomada do poder pelos militares no Brasil), TV Rio e Globo (quando a programação era local) — e pela Rádio Nacional, antes de mudar-se em maio de 1968 para a cidade de São Paulo. Em 1966, estreia em livro com duas obras: *Música popular: um tema em debate* e *A província e o naturalismo*.

Morando em São Paulo, Tinhorão escreve para a revista *Veja* até 1973, passando então para a revista *Nova*, e em 1975, já como autônomo, envia da sucursal paulista suas duas colunas semanais para o *Jornal do Brasil*. Tais colunas, que durarão até 1981, granjearam ao pesquisador a pecha de "temido crítico musical".

Em 1980, Tinhorão vai a Portugal investigar a presença dos negros na metrópole. Desde então, seus livros passam a ser publicados também nesse país. Em 1999, prosseguindo em sua pesquisa de jornais carnavalescos no Brasil, solicita pela primeira vez em sua carreira uma bolsa: para o mestrado em História Social na Universidade de São Paulo. A dissertação dá origem ao livro *Imprensa carnavalesca no Brasil: um panorama da linguagem cômica*.

Grande pesquisador de sebos no Brasil e alfarrabistas em Lisboa, Porto e Braga, o autor reuniu importante coleção de discos, partituras, periódicos, livros e imagens sobre a cultura brasileira, cujo acervo passou em 2000 ao Instituto Moreira Salles, de São Paulo. Criado em 2001, o Acervo Tinhorão se encontra atualmente disponível a pesquisadores e interessados.

Tinhorão faleceu em São Paulo, em 3 de agosto de 2021.

OBRAS DO AUTOR

Música popular: um tema em debate. Rio de Janeiro: Saga, 1966; 2ª ed., Rio de Janeiro: JCM, 1969; 3ª ed., São Paulo: Editora 34, 1997; 1ª reimpressão, 1998; 2ª reimpr., 1999; 3ª reimpr., 2002; 4ª reimpr., 2003; 4ª ed., revista e aumentada, 2012.

A província e o naturalismo. Rio de Janeiro: Civilização Brasileira, 1966; 2ª ed. fac-similar, Fortaleza: NUDOC-UFC, 2006.

O samba agora vai... A farsa da música popular no exterior. Rio de Janeiro: JCM, 1969; 2ª ed., revista e aumentada, São Paulo: Editora 34, 2015.

Música popular: de índios, negros e mestiços. Petrópolis: Vozes, 1972; 2ª ed., 1975.

Música popular: teatro & cinema. Petrópolis: Vozes, 1972.

Pequena história da música popular brasileira: da modinha à canção de protesto. Petrópolis: Vozes, 1974; 2ª ed., 1975; 3ª ed., 1978; 4ª ed., São Paulo: Círculo do Livro, 1978; 5ª ed., revista e aumentada, com o título *Pequena história da música popular: da modinha ao tropicalismo*, São Paulo: Art Editora, 1986; 6ª ed., revista e aumentada, com o título *Pequena história da música popular: da modinha à lambada*, 1991; 7ª ed., revista, com o título *Pequena história da música popular segundo seus gêneros*, São Paulo: Editora 34, 2013; 1ª reimpr., 2015.

Música popular: os sons que vêm da rua. São Paulo: Tinhorão, 1976; 2ª ed., revista e aumentada, com o título *Os sons que vêm da rua*, São Paulo: Editora 34, 2005; 3ª ed., 2013.

Música popular: do gramofone ao rádio e TV. São Paulo: Ática, 1981; 2ª ed., revista, São Paulo: Editora 34, 2014.

Música popular: mulher & trabalho (plaqueta). São Paulo: Senac, 1982.

Vida, tempo e obra de Manuel de Oliveira Paiva (uma contribuição). Fortaleza: Secretaria de Cultura e Desporto, 1986.

Os negros em Portugal: uma presença silenciosa. Lisboa: Editorial Caminho, 1988; 2ª ed., 1997.

Os sons dos negros no Brasil. Cantos, danças, folguedos: origens. São Paulo: Art Editora, 1988; 2ª ed., São Paulo: Editora 34, 2008; 3ª ed., 2012; 1ª reimpr., 2021.

História social da música popular brasileira. Lisboa: Editorial Caminho, 1990. São Paulo: Editora 34, 1998; 1ª reimpr., 1999; 2ª reimpr.,

2002; 3ª reimpr., 2004; 4ª reimpr., 2005; 2ª ed., 2010; 1ª reimpr., 2013; 2ª reimpr., 2021.

Os sons do Brasil: trajetória da música instrumental (plaqueta). São Paulo: SESC, 1991.

A música popular no romance brasileiro — Vol. I, séculos XVIII e XIX. Belo Horizonte: Oficina de Livros, 1992; 2ª ed., São Paulo: Editora 34, 2000. — Vol. II, século XX (1ª parte). São Paulo: Editora 34, 2000. — Vol. III, século XX (2ª parte). São Paulo: Editora 34, 2002.

Fado: dança do Brasil, cantar de Lisboa. O fim de um mito. Lisboa: Editorial Caminho, 1994.

Os romances em folhetins no Brasil (de 1830 à atualidade). São Paulo: Duas Cidades, 1994.

As origens da canção urbana. Lisboa: Editorial Caminho, 1997. São Paulo: Editora 34, 2011.

A imprensa carnavalesca no Brasil: um panorama da linguagem cômica. São Paulo: Hedra, 2000 (originalmente Dissertação de Mestrado em História Social apresentada ao Curso de Pós-Graduação da Universidade de São Paulo em 1999).

As festas no Brasil colonial. São Paulo: Editora 34, 2000; 1ª reimpr., 2000.

Cultura popular: temas e questões. São Paulo: Editora 34, 2001; 2ª ed., revista e aumentada, 2006.

Música popular: o ensaio é no jornal. Rio de Janeiro: MIS Editorial, 2001.

Domingos Caldas Barbosa: o poeta da viola, da modinha e do lundu (1740-1800). São Paulo: Editora 34, 2004. Lisboa: Editorial Caminho, 2004.

O rasga: uma dança negro-portuguesa. São Paulo: Editora 34, 2006. Lisboa: Editorial Caminho, 2007.

A música popular que surge na Era da Revolução. São Paulo: Editora 34, 2009.

Crítica cheia de graça. São Paulo: Empório do Livro, 2010.

Festa de negro em devoção de branco: do carnaval na procissão ao teatro no círio. São Paulo: Editora Unesp, 2012.

Rei do Congo: a mentira histórica que virou folclore. São Paulo: Editora 34, 2016.

Música e cultura popular: vários escritos sobre um tema em comum. São Paulo: Editora 34, 2017.

Este livro foi composto em Sabon, pela Bracher & Malta, com CTP da New Print e impressão da Graphium em papel Paperfect 75 g/m² da Cia. Suzano de Papel e Celulose para a Editora 34, em outubro de 2021.